だいわ文庫

色が教えてくれること

人生の悩みの9割は「色」で解決できる

七江亜紀

大和書房

はじめに

あなたの体と心が、「色」に守られていることを知っていますか？

今着ている服、メイク、インテリアの色は、あなたのライフスタイルが作り出してきた結果です。もし、自分で選んだ色にもかかわらず、どこか納得がいっていないとしたら、あなたのなかの色センサーに、何らかの誤作動が生じているのかもしれません。

私はこの20年間、ファッション、食、インテリアを通して、色が体にどんな影響を与えるのかを研究し、自分の心や体と向き合いながら、色を通してバランスをとることを意識してきました。

そして、コンサルティングを通じ、たくさんの女性とともに色に触れてきました。ときに、私の選んだ服や食器、スリッパなども取り入れていただきました。

そのつど色を意識してもらうことにより、多くの方が自分の「心地いい感覚」を見つけ、個性を輝かせはじめてきます。

そして、自らキレイを手にするようになっていくのです。


女性（人）が輝くための色との付き合い方。

それは、「色を五感で感じる」ことです。


色を食べ、聞き、嗅ぎ、触る。そして視る。

つまり、**色を全身で感じ、意識すること**。

簡単で、誰もが毎日できることですよね。

その積み重ねにより、ダイエットに成功した、転職に成功した、結婚した、恋人ができた、友情が深まった、パートナーと仲直りができた、ライフスタイルが充実した、新しい趣味にチャレンジできた、病気が治った、仕事で昇進した、独立に成功したなど、多くの人たちがそれぞれの人生で幸せをつかみはじめています。

そして、何よりうれしいのは、みなさん、毎日が幸せと感じられるようになったことです。これは、**人生を自分の力で自分色に染めようと行動したから**です。

ちょっと信じられないことかもしれません。

でも、科学的な根拠の有無よりも、3万人以上の方に色を教えてきて得た実感ほど、色の効果を確実に証明するものはないと思っています。

輝きの根源、それは「どんな色を身につけるか」ということではなく、色を通して少しずつ手に入れていった「行動力」にあると思います。色は、あなたに「行動力が大切である」ということを教えてくれます。

私はよく、美しくなって輝く女性たちを、1本のリボンにたとえてお話しします。

最初にお会いしたときは、ぎこちない結び目だったり、今にも解けそうな、ふわっとした結び目をしている人もいて、それが歩んできた人生そのものなのかと思うこともあります。

もしかしたら、キツく結びすぎて上手く解けずに、苦しんでいるのかもしれません。キツく結びたくても、なぜか力が入らない。ギュッと結ぶ勇気が今ひとつ足りなかったり、一度跡をつけてしまうくらいなら、軽く結んでおいたほうがずっとラクだと思っているのかもしれません。

でも、「色を意識する」ことを実践していくうちに、どんな結び目の人も、キレイな1本のリボンへと生まれ変わっていきます。

形状や結び方がどうであれ、大切なのは、自分なりのルールでいつでも結び直しができ、キュッと締めたり、ゆるっと結んだり、いつでも解ける状態にキープしておくことです。

こうしてキレイな1本のリボンになり、結び直しも自由にできるようになると、ずっと悩んでいたことがとても小さく感じられたり、ふと、新しい視点をもてるようになっていきます。


「この色の組み合わせ、本当に素敵！」

「色は元気をくれますね！」

「この色の服を着たら素直な自分になれそう」

「色を通して、自分の本質が見えてきました」

「憧れです！　って、まさか自分が言われるなんて、夢みたいです」

「色を増やしたら、家族に笑顔が戻りました！」

「子どもが、色の楽しさから、野菜嫌いを卒業できました！」

「黒より素敵な色に出会えました！」

「クローゼットを開けるのが毎日楽しみです」

「夢に向かって一歩踏み出すことができました！」

「39歳にして、３人の方から告白されました！」

「生きていることに、感謝できるようになれました」


これらは、すべてお客様からいただいた言葉です。

この本を通じ、多くの女性からこんな声を聞けたら。日々選ぶ色が、あなたの体調や気分を整え、人生をよい方向へと導いてくれたら。色の効果をお伝えしている私にとって、これほどうれしいことはありません。


日本には美しい色が奏でる四季があります。

そのなかに身を置く私たちは、とても恵まれています。

春になると菜の花やソメイヨシノに出会います。5月には鮮やかなピンク色をしたツツジの花が。梅雨の時期には品のあるアジサイと出会います。夏になれば、黄色のヒマワリに。秋になれば、紅葉やイチョウが迎えてくれて、寒い冬には凛とした椿がそっと支えてくれます。

自然にある季節の色を感じてみるだけでも、なにげない毎日が素晴しいものに変わっていきます。

忙しい方でも、すぐに実践できる色の取り入れ方を、ぜひ実践してみてください。

色が教えてくれること

目次

第1章

Color Recipes

色に慣れる

第2章

Color Recipes

色で心をコントロールする

第3章 生活に色の効果を取り入れる

Color Recipes

第4章

Color Recipes

健康と美を手に入れる色の魔法

第5章

Color Recipes

もつれた人間関係は色で解決

第6章

Color Recipes

商品からわかる色の戦略

色の基本

色相環ってなに？

虹のように、色を並べて円状になったものを言います。配色を考えるときに使われる、色の基本と言える図です。

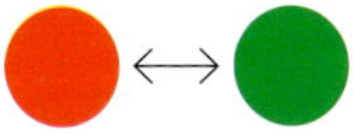

補色ってなに？

色相環で向かい合っている「反対色」のこと。混ぜると無彩色になります。互いの色をもっとも目立たせる組み合わせなので、ファッションに使うと一気に華やかになります。

無彩色ってなに？

色相環には入っていない白、グレー、黒など、いわゆるモノトーンのこと。反対に、赤や青など「色み」がある色を「有彩色」と言います。

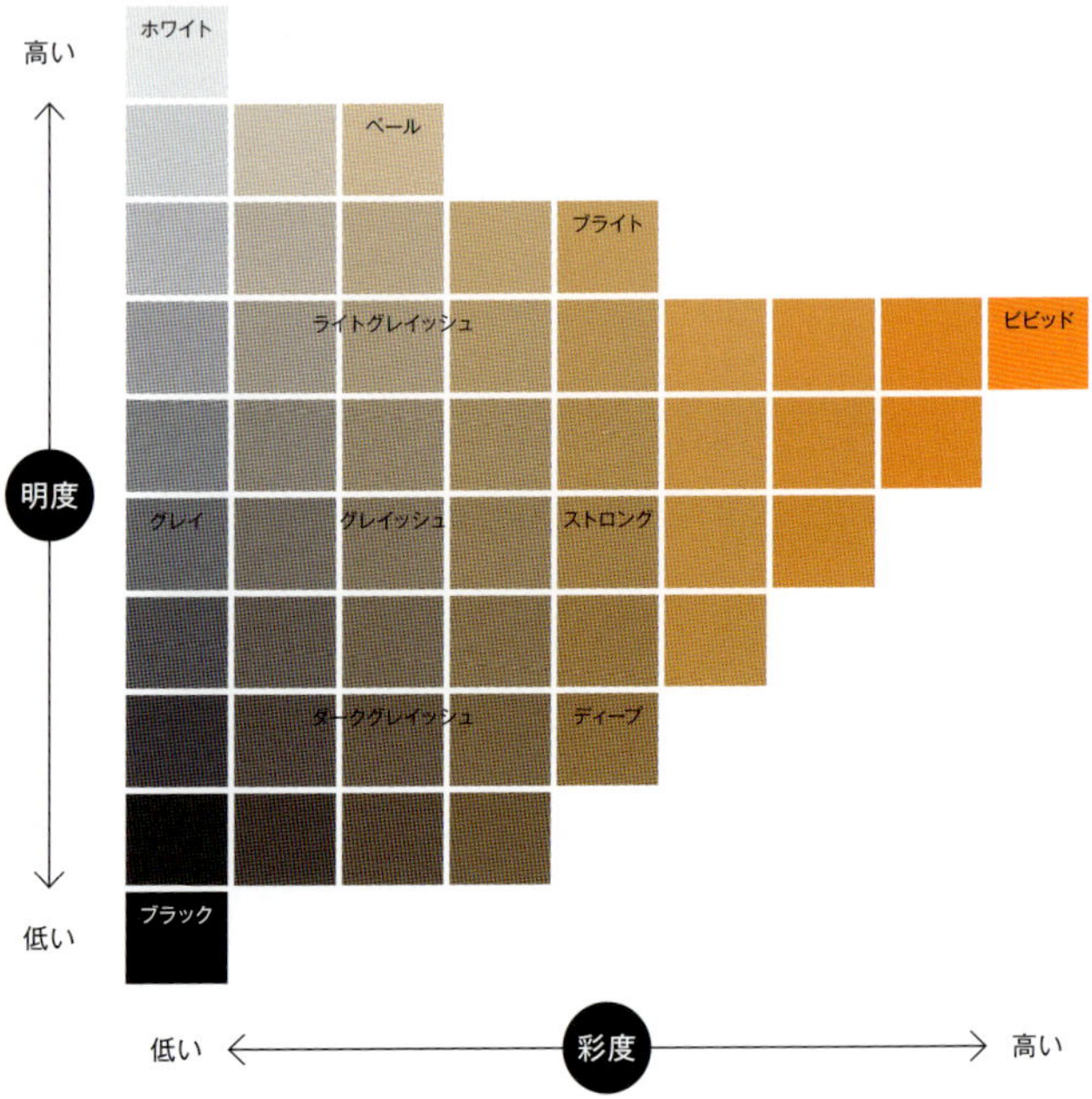

トーン表ってなに？

派手や地味などの、色の調子のことを「トーン」と言います。

「彩度」とは、色の鮮やかさの度合いを言い、黒は「彩度ゼロ」になります。

「明度」は、色の明るさの度合いを言います。

この表のように、オレンジ色と茶色はひとつながりの色なのです。同じ色でもトーンが変われば、印象も全く変わることがわかりますよね。

頭の中のイメージでしかなかった色も、この表の言葉を使えば、「ビビッドな～」「グレイッシュな～」と言って相手に伝えることができますよ。

部屋のアクセントカラーってなに？

インテリアを考える際、床の色を「ベースカラー」（6～7割）、ソファやカーテンなどの大きなものの色を「サブカラー」（2～3割）と言い、次に、小物や花などで加える色を「アクセントカラー」と言います。このアクセントカラーは、部屋全体の1割未満にするとキレイにまとまるでしょう。家のテーマカラーがあるなら、それをメインのアクセントカラーとして何カ所かにちりばめると素敵です。
ほかにも、色が持つ効果を考えて部屋の色を決めるのもいいでしょう。

詳しくはこちらを参照！

インテリアにおける色の効果 ……第3章「生活に色の効果を取り入れる」

詳しい部屋のつくり方 ……「インテリアは、色を「散らす」とまとまる」(99ページ)

……「部屋がごちゃつかない色の割合」(101ページ)

12色のイメージトレーニングで、色彩感覚をつける

「ピンク」とひと言で言っても、いろいろなトーンのピンクがあるように、一つの色にもさまざまな色調があります。

色は覚える分野の学問ではないため、いろんな色があることをみなさん忘れがちですが、微妙な違いでも受ける印象は異なり、私たちに少なからず影響をもたらしています。

色をさまざまな言葉やモノでイメージできるようになると、色彩感覚が鍛えられ、色に慣れてきます。すると、色のセンスが身につくだけでなく、コミュニケーション力や生きる力も上がる、と私は考えています。

色のイメージ力を鍛えるのと一緒に、色が人に与えるプラスイメージとマイナスイメージ、色がもつ効果もおさえておきましょう。

Color 01

Brown

茶色

色をモノにたとえてみよう！

木、土、チョコレート、コーヒー、日焼け、革製品、ポニー、薬品ビン、ウイスキー、ルイ・ヴィトン、きのこ、猿、テディベア、アーモンド、副都心線など。

＋ 人に与える印象 －

プラスイメージ
↓
安心感、堅実、上品、安定

マイナスイメージ
↓
ありきたり、退屈、体調不良、面白みがない

効果

リラックス、動じない

Color 02

Beige
ベージュ

色をモノにたとえてみよう!

トレンチコート、肌の色、ファンデーション、土壁、インナー、ミルクティー、らくだ、ストッキング、テーピング、キャラメルなど。

+ 人に与える印象 −

プラスイメージ
↓
信頼、控え目、落ち着き

マイナスイメージ
↓
退屈、野暮ったい

効果

安心、リラックス

Color 03

Gray

グレー

色をモノにたとえてみよう！

コンクリート、灰、テトラポッド、ロボット、シルバー、曇り空、かび、鉛、アルミ、鉄、制服、スーツなど。

＋　人に与える印象　ー

プラスイメージ

↓

調和、中立、洗練、おしゃれ（合わせやすいため）

マイナスイメージ

↓

退屈、地味、おとなしい、優柔不断

効果

周囲に埋没して目立たない、ケンカを止める

Color 04

Black

黒

色をモノにたとえてみよう！

ピアノ、漆、黒猫、モニター、カメラ、スーツ、オーディオ機器、虫歯、バットマン、喪服など。

＋ 人に与える印象 ー

プラスイメージ

↓

都会的、強い、プロフェッショナル、高級感

マイナスイメージ

↓

悲しい、重い、威圧感、暗い

効果

強い意志を伝える、NOを言いやすくなる

Color 05

White

白

色をモノにたとえてみよう！

白米、大理石、ウエディングドレス、豆腐、大根、牛乳、歯、紙、胡蝶蘭、薬剤、白線、Tシャツ、ワイシャツ、家電、食器、白装束、雪、氷、チョーク、白衣など。

＋　人に与える印象　ー

プラスイメージ

↓

クリーン、純粋無垢、清潔、ナチュラル、品の良さ

マイナスイメージ

↓

完璧主義、潔癖、空虚、緊張

効果

リセット、自分の行動を律する

Color 06

Red

赤

色をモノにたとえてみよう!

ポスト、SALE、赤ワイン、トマト、血液、鳥居、中国、バラ、三菱東京 UFJ 銀行、コカ・コーラ、ガーナチョコ、マクドナルド、もみじ、いちご、赤唐辛子、朱肉など。

+ 人に与える印象 —

プラスイメージ	マイナスイメージ
↓	↓
情熱的、リーダーシップ、行動力がある	**気が強い、目立ちたがり屋、ナルシスト、安っぽい**

効果

目が覚める、やる気が出る、行動する、女っぷりを上げる

Color 07

Pink

ピンク

色をモノにたとえてみよう！

サクラ、鮭、婦人科、桜貝、桃、頬、バービー人形、ピンクパンサー、乳がんピンクリボン、子宮、いちごミルク、女の子、ハートなど。

＋　人に与える印象　－

プラスイメージ
↓
やわらかい、幸せ、若い、甘い、カワイイ、母性のある

マイナスイメージ
↓
夢見がち、ケバい、若作り、子どもっぽい、甘えん坊

効果

女子力を上げる、ケンカを止める

Color 08

Orange
オレンジ

色をモノにたとえてみよう！

にんじん、オレンジ、夕陽、ハロウィン、中央線、ドラゴンボール、エルメス、読売ジャイアンツ（巨人）、夕張メロン、ビームス、ａｕ、ティガー（「クマのプーさん」のキャラクター）など。

＋　人に与える印象　ー

プラスイメージ
↓
陽気、社交的、仲良し、親しみやすい

マイナスイメージ
↓
安っぽい、落ち着きがない、いい加減

効果

人間関係が良くなる、コミュニケーション力が上がる、仲良くなる

Color 09

Yellow

黄色

色をモノにたとえてみよう！

はちみつ、ひまわり、菜の花、金、レモン、バナナ、カレー粉、幼稚園児、注意の標識、ビタミンC、タイムズ（パーキング）、ニコちゃんマーク、イエローハット、ピカチュウなど。

＋ 人に与える印象 ー

プラスイメージ	マイナスイメージ
↓	↓
明るさ、人気者、チャーミング、ユーモア	騒がしい、お調子者、落ち着きがない、現実逃避

効果

注目を集める、社交的になれる、便通がよくなる、アイデアが浮かぶ

Color 10

Green

緑

色をモノにたとえてみよう！

葉っぱ、ブロッコリー、ピーマン、青竹、エメラルド、りそな銀行、ゆうちょ銀行、山手線、森林、キシリトールガム、ライム、スターバックス、マリモ、観葉植物など。

＋ 人に与える印象 ー

プラスイメージ
↓
安心、安全、新鮮、エコ、若い、自然、平和

マイナスイメージ
↓
自分の意見がない、退屈、ことなかれ主義

効果

癒やし、リラックス、リフレッシュ

Color 11

Blue

青

色をモノにたとえてみよう！

海、空、男の子、青色発光ダイオード、ヨーグルト、東京メトロのマーク、保冷剤、藍染め、デニム、サファイア、ターコイズ（トルコ石）、ドラえもん、東西線など。

＋ 人に与える印象 －

プラスイメージ
↓
爽やか、知的、信頼がある、誠実、クール

マイナスイメージ
↓
冷たい、孤立、卑屈、無気力

効果

信頼を得る、冷静になる、落ち着く

Color 12

Purple

紫

色をモノにたとえてみよう！

ラベンダー、ライラック、すみれ、ききょう、ぶどう、なす、紫キャベツ、歌舞伎、和風、高貴、江戸、半蔵門線、アナ スイ、紫いもなど。

＋ 人に与える印象 ー

プラスイメージ
↓
ミステリアス、優雅、自信がある、クリエイティブな

マイナスイメージ
↓
情緒不安定、憂鬱、現実逃避、下品、個性が強い

効果

いい女に見せる、色気のある（色ツヤを足す）

第1章

色に慣れる

Color Recipes

色でメンタルトレーニング Step 1

クローゼットのなかの色をチェックする

メンタルトレーニングの最初のステップは、「**心を平坦にする**」**こと**です。

どんなにおいしい料理でも、おなかがいっぱいのときにすすめられたら、おいしさも半減。量もそれほど入りません。色も同じです。

色は、自分自身。気持ちをまっさらにすることで、自分を客観的に見ることができ、何かの色に偏っていないか、バランスがおかしくないかを初めて見つめ直すことができます。

まずは、今の自分の心と状況をふり返り、客観的に見ることから始めます。

クローゼットを開け、並んでいる服を見渡してください。何色の服が多いですか？

黒、白、グレーなどの無彩色ばかり、もしくは何かの色に偏っていませんか？

女性のクローゼットに多いのが、「パステルカラーばかり」「黒ばかり」のケース。

これには何かしら理由も考えられます。

たとえば黒ばかりの人の場合、仕事の関係など、ちゃんと理由があっての色選びなら問題ありません。黒には黒独特の魅力があり、黒マニアが存在するのもわかります。

でも、多いのは、「何でもいいや」「とりあえず黒」という場合。考える力をなくしていて、心も無彩色の、感動のない世界になっている可能性があります。

「あまり目立ちたくない」という理由から黒を選んでいる人は、対人関係（コミュニケーション）不足とも言えます。

また、極端にパステルカラーばかりを選ぶ人は、最近、疲れがたまっているのかもしれません。やさしく、淡い色の服を選ぶのは、心身がまいっているとき。鮮やかな色、濃い色は、刺激が強すぎて、選ぶことも身につけることもできないのです。

また、「なんとなくこの色が落ち着く」という理由で、何かの色に偏っている場合もよくあります。でも、**落ち着くのは、ただその色に慣れているだけ**です。グレーに慣れれば、グレーが落ち着きますし、青に慣れれば青が落ち着きます。**色も「慣れ」から選んでいることがある**のです。

同じ色ばかり着る人は、どこかで新しいものにチャレンジすることを放棄している可能性があります。「黒が良い」と口では言っていても、本心では、もっと別の色にチャレンジしてみたい、と思っているのかもしれませんよ。

心に余裕があるとき、私たちはクローゼットのなかに「あるもの」「足りないもの」「買い足したいもの」を頭のなかで整理できます。

これは冷蔵庫も同じです。余裕がないと、どんどんものを押し込むばかりで、何が入っているかが把握できなくなり、パンパンなのに、献立が浮かばない、という状態になります。

つまり、**クローゼットと冷蔵庫は、今の自分を客観的に観察するのにちょうどいい道具**ということ。特にクローゼットは、色の偏りによって、今の自分が何色に偏っているのか、何色が足りないのか、心の状態がとてもよくわかるのです。

自分で自分を客観視するのは難しいもの。特に女性は、生理前や出産後など、イライラしたり、感情の起伏が激しくなったりするので、なおさらです。

でも、日頃から色をまんべんなく使うことで、案外冷静に、自分を客観的に見ることができます。

Color Recipes

色でメンタルトレーニング Step❷

部屋に違和感のある色の花を飾る

クローゼットを観察したら、3日以内に、まずは3週間、部屋に花を飾りましょう。

豪華な花ではなく、1輪でも2輪でも大丈夫。花屋さんで、自分で選んだ色の花を飾ってください。

できれば、クローゼットのなかになかった色を。黒やグレーの服ばかりの人なら、赤やオレンジ、ビビッドなピンクなど、鮮やかな色の花はどうでしょう。いっぽう、いろんな色が大好きな派手好きの人は、いったんクールダウンさせてくれる白い花が効果的です。心のなかのごちゃごちゃとしたものをリセットしてくれるでしょう。

「最近、元気がないな」と思ったら、元気になれるような明るい色、赤やオレンジ、黄色の花が力をくれます。

そして、「赤は力が出るけど、ちょっとキツい」と思ったら、目先を変えてオレンジに。そんな色選びの微調整を習慣にしてみてください。

このステップで大切なのは、**今の自分の心にぴったりの色ではなく、「ちょっとがんばった色」を選ぶ**ことです。

今の自分の心にマッチしていないし、慣れない色でもあるので、部屋に飾ったときに違和感を抱くかもしれません。でも、違和感があるほうがいいのです。もしその花に違和感がなければ、それまでと何も変わらないということです。**少しの違和感は、いい意味で脳への刺激となります**。そして、少し目先が変わったり、気分や考え方を変えてくれます。

このような新しい色の導入を、服でやるのはなかなか難しいもの。それまで黒ばかり着ていた人が、突然、赤やオレンジの服を着たり、バッグをもったりするのは難しいと思います。花なら、数日すれば枯れていきます。とても気軽に取り入れられ、違和感のある「色」に、慣れやすいのです。

思い立ったら3日以内に始めましょう。そして3週間、部屋に花を絶やさず、枯れたら次の花を買い、また新しい色を取り入れてみてください。3週間後、あなたはだいぶ、いろんな「色」に慣れ、抵抗もなくなってくるでしょう。

Color Recipes

色でメンタルトレーニング Step 3

味と香りから色をイメージする

色は視覚だけでなく「五感で感じるもの」です。

正確な色を知らなくても、脳内でイメージすることができるのです。

花で「ちょっとがんばった色」を加えることができたら、次は味と香りで、自分のクローゼットに足りない色を補ってみましょう。クローゼットに吊るすフレグランスもあります。ピンクが足りないな、と思う人は、ピンクをイメージさせるローズの香りを取り入れるのもおすすめです。

色を味や香りからもイメージできるようになると、視覚以外の味覚や嗅覚が足りないイメージを補完してくれるので、色の記憶がブレなくなっていきます。

私たちは、目の前に見せられた色を、必ずしも正確には記憶できていません。体調の影響もあれば、嫌いな色合わせで不快な気持ちになることもあります。色は、目だけで見ると小さな雑念が邪魔してきます。そうなると、ふとした瞬間に色の記憶にブレが生じます。

自分のそのときどきの感情や体調にふり回されないためにも、**五感すべてで色を感じられるように、想像力を働かせることが大切**なのです。

生後19ヵ月で聴力、視力、言葉を失ったヘレン・ケラーも、さまざまなイメージを駆使して、色を知っていたというから驚きです。香りからモノを連想したり、味からモノを思い浮かべたり、目で判断すること以外の色の捉え方を日々練習し、いろんな色を思い出せるようにしていきましょう。

たとえば、クローゼットにオレンジの服がない、そして今も「オレンジの服はちょっと……」と抵抗がある人は、みかんを食べたり、朝、オレンジジュースやにんじんジュースを飲みましょう。時間があればミキサーで手作りを、時間がなければ市販のものでもOKです。そして、柑橘系の香りをつけてみてください。

体のなかにオレンジを取り込み、まるで洋服を着ているようにオレンジを身にまとうのです。

同じように、ラベンダーはどうでしょう。

たとえば北海道のラベンダー畑をイメージし、色と同時に香りも想像してみてください。安眠を誘う色、香りでもありますから、ラベンダーの香りのリネンウォーターを使ってみてもいいですね。

こうして、色を視覚以外の五感と結びつけると、食べ物、飲み物、香水などを利用して、パッと行動に移すことができます。

それぞれの色の意味を知り、そのときどきの自分の心境に合わせて行動に移せば、対症療法のように、心をコントロールすることができるのです。

色を使って心をコントロールできるようになると、たとえば上司に何か言われても、これまでイライラしていた人が、素直に「はい」と言えるようになります。

心を自分なりにコントロールできてくると、相手が我の強いタイプの人でも、理屈ばかりこねるタイプの人でも、ふり回されることなく客観的に相手を見られるようになります。

そのため、一瞬カチンとくることがあっても、冷静になって考えれば、相手の意図していることがわかってきます。少々言い方がよくない人であっても、不器用なだけなんだ、何かあったのかもしれない、こちらが一歩大人になってあげればいいことなんだ、と捉えることができるというわけです。

もちろん、許せないことや理不尽なこともたくさんあります。全部が全部、素直に「はい」と言えるわけではありません。でも、ある程度の長い付き合いであれば、相手に寄り添って会話をすることも大切です。

いろんな色に慣れていると、人とのコミュニケーション力が飛躍的に上がります。結果、出世したり、ビジネスが成功したり、人脈が広がったり。可能性は無限大です。

「好きな色に囲まれていればいい」という感覚は、ある意味こだわりとも言えますが、「ほかを受け入れない」ことでもあります。頑固に、我を通すことだけが、その人らしさではないはず。いろいろな色を受け入れることは、人を受け入れることであり、自分のコミュニケーション力を高めるための、とてもシンプルな手法なのです。

Color Recipes

色でメンタルトレーニング
Step 4

色の連想ゲームをする

次は、**頭のなかの記憶から、色を思い出すトレーニング**です。連想ゲームのように、色をどんどんつなげてみてください。

たとえば電車の色。都内に住んでいる人なら、山手線は何色？　丸ノ内線は何色？　丸ノ内線の銀色の車体に赤い線を思い出したら、ほかに赤を使った電車は何がありますか？

京浜急行線も赤です。同じ赤でも、丸ノ内線の赤のほうが少し明るく、ビビッドです。

そして電車以外で赤いものは何があるでしょう？　ポスト、ワイン、セールの札……。同じ赤でも、全部違います。ワインの赤には落ち着いた、大人の印象があります。セールの札の赤には、どこか心を駆り立てるところがあり、この赤を目にすると、脳内で「安さ」「軽さ」「手軽さ」が直結する人も多いでしょう。

このように、ワインからセールの札まで、同じ色でも「幅」があり、高級感から安さまで、受ける印象が違います。

どんな連想があるか、いくつか例をご紹介します。

・茶色↓チョコレート・コーヒー↓ブレイク↓リラックス↓ストレス解消……

↓大地↓安定感↓定番↓面白みに欠ける↓無難な……

↓大地↓根菜類↓煮物↓ぬくもり↓安心感……

・黄色↓信号↓交通標識↓危険↓注意……

↓たまご↓ひよこ↓幼い↓幼稚園児↓黄色の帽子……

↓レモン↓すっぱい↓爽やか↓すっきり↓解放感……

・黒色↓海藻類↓わかめ・ひじき↓ヘルシー↓体に良い……

↓重厚感↓リムジン車↓高級感↓フォーマル↓きちんとした……

↓スポーツジム↓ダンベル↓痩せる↓スマート↓おしゃれなスタイル……

いかがでしょうか。何色かトライしたら、次のステップに進みましょう。

Color Recipes

色でメンタルトレーニング Step 5 足りない色で今の自分を知る

次に、もう一度クローゼットをふり返ります。**「赤」がなければ、今のあなたに「赤」が足りていないということ。**情熱的な部分、前向きさ、人を説得して進もうとする積極性が不足しているのかもしれません。何かしらの方法で赤を足すことを考えます。


ほかにも、「青」が足りない人は、冷静さ、おしとやかさ、爽やかさ、誠実さ、客観視する力が不足しているのかもしれません。

「ピンク」が足りない人は、女子力、母性、やさしさ、思いやりなどが足りないのかもしれません。

「オレンジ」が足りない人は、家庭的な力、コミュニケーション力、素朴さが足りないのかもしれません。

「モノトーン」ばかりになっている人は、アイデア力、気遣いが足りていないのかもしれません。
「アースカラー」に偏っている人は、色よりも、自然やオーガニックといった、色からくるイメージに影響されている可能性があります。ナチュラル志向や体に良い物を、ちょっと意識しすぎて、独りよがりになっているのかもしれません。

では、足りない色を補うにはどうすればいいでしょうか。
着慣れない赤を、いきなり着るのは難しいでしょう。

でも、たとえばワインのような重厚感のある、落ち着いた赤ならどうですか？　手もちの服とも、意外に合うかもしれません。服がだめなら、ブレスレットやバッグ、靴などでもいいのです。次にお買い物をするとき、そんな落ち着いた赤を、選択肢に入れてみてください。

特におすすめはバッグです。同じバッグを1週間以上、ずっともち続けていないでしょうか。たとえお気に入りだとしても、いつも一緒、毎日もち歩くバッグが1個では、思考の偏りやコミュニケーションのミスにつながりやすくなります。

たとえば、ピンクが好きだからといって派手なショッキングピンクのバッグを毎日もち歩いていると、ピンクの印象が強すぎ、あなたに対する誤解を生じさせ、せっかく築いた関係にヒビが入ってしまうなんてことも。

できれば、**お気に入りのバッグは、色が違うもので最低3個あるのが理想。**その3個を、ローテーションで使ってください。毎日替えると中身も整理でき、一石二鳥です。

Color Recipes

色でメンタルトレーニング Step 6 着たことのない色に挑戦する

ここまで、クローゼットに足りない色を、身のまわりのもので足していくトレーニングをしました。ちょっとがんばって、今まで選ばなかった色を自分自身が目にすることで、少し気分が変わります。

次は、クローゼットのアイテムを少し買い足し、苦手な色にチャレンジします。挑戦することが大事なので、ファストファッションの服など、すぐに手に入る手頃な価格のものでOKです。

これまで自分が手にしていなかったものに興味をもったら、試してみる。

たとえば、「緑、ちょっといいかな」と思って着てみると、まわりからいろいろな反応が起こるでしょう。

「珍しいね」

「似合うね」

などと声をかけられるかもしれません。

半分冒険ですが、挑戦することに意味があります。そして、自分に似合うもの、似合わないものが、徐々に理解できるようになります。

服に自信がなければ、ビーズのブレスレットなど、小さなものから始めましょう。もしくは、靴の中敷きなど、人の目にあまり触れない部分から。

大切なのは、**色に慣れ、色のなかに自分の身を置くこと**。

そして、最終的に7色の赤、青、黄色、緑、ピンク、紫、オレンジに、白、グレー、黒、紺、茶、ベージュなどのベースカラーを足したクローゼットを目指してみてください。

「黒ばかり」「パステルカラーばかり」「緑だけ」「ピンクだけ」でない、**色のグラデーションを作ります**。これまで目を背けていた色に囲まれると、気持ちや体調、人間関係までもが変わってきます。

私のお客様でも、このステップを行って「仕事で成功した」「彼氏ができた」「お見合いの話がきた」など、さまざまな効果を上げています。

色は、今までの「慣れ」で選んでいることもあります。

最初は苦手な色も、じわじわと取り入れることに慣れてくれば、いつの間にか不安はなくなり、安心へと変わります。

Color Recipes

心の色は3色もって、ココロコロ回すのが理想的

その人の肌や髪にもっともなじむ色を「パーソナルカラー」と言います。

長年、パーソナルカラー診断をやっていると、自分に似合う色やなじむ色を知らされ、とまどい、なかなか受け入れることができない人がとても多いことに気づきます。

私自身がそうだったので、気持ちはよくわかります。仲良しの子が着ていたサーモンピンクの服がすごく素敵で、お店を聞いて実際に試着までしたことがあります。

私は、昔からいろんな色の服を着るほうだったのですが、同じ服とは思えないほど不自然で似合って見えず、ショックを受けて帰りました。

当時、少しぽっちゃりしていたこともあり、太っているせいかな、と思いダイエットをしましたが、やせても髪型を変えても、やはりそのピンクは私をキレイに見せてくれることはありませんでした。

その後、パーソナルカラーと出会い、自分には似合うピンクが別にあると知り、衝撃を受けました。

私の場合、なかなか受け入れられないというより、こんなにも同じ人間で似合う色が印象を大きく変えてしまうのだということに、驚いたのをよく覚えています。

好きで、似合うと思って着ていた色が、本当は似合っていなかったと知ったときの衝撃は相当なもの。本当に「なじむ」色を受け入れることは、本当の自分を受け入れることであり、それは、思いこみで固くなった頭には、かなり大変な作業なのです。

似合うのに受け入れられない。その理由は何かと考えると、心のなかに「好きな色」「憧れの色、こうありたい色」というのがあり、それらを身につけていたいという強い思いがあるから。

そんなとき私は、小物や食べ物、飲み物でその色を取り入れることをすすめています。

社会人ならやはり、「好きな色」ではなく、「なじむ色」を身につけて第一印象をよくしたり、周囲を気持ちよくさせることのほうが優先だからです。

なじむ色を「表面の色」としたら、好きな色、憧れの色は「心の色」です。

それがパーソナルカラーで診断された色ではなかったとしても、心のなかにとっておく大切な色だと私は思うのです。

そして、心の色は1色ではなく、「**好きな色**」「**そばにおいておきたい色**」「**自分が必要としている色**」**の3色くらいもっているのが理想**です。そのときどきで、3つの色をコロコロと回すくらいが、バランスのいい心の状態を維持する秘訣といってもいいでしょう。

たとえば、赤が好きな人でも、物事がうまくいかず、挫折したとき、赤の力強さに負けてしまうことがあります。そんなとき、身近にオレンジがあれば、「もうちょっとまわりに目を向けてみよう」というバランサーとして、オレンジの力が働き、気を取り直すことができます。

赤とオレンジどちらか、という二つの選択肢では少し息苦しいため、あともう1色、たとえば青が近くにあると、さらに状況を冷静に判断することを思い出します。

自分が必要としている色は、もしかしたら、将来自分がこうなりたいと思う色かもしれません。それが自分のキャラクターや内面とは違うものだとしても、「憧れの色」として心のなかにとっておき、身近な小物の色で思い出したいものです。

Color Recipes

違和感のある色をもつと、頭が柔軟になる

ペンやノートなど、小さな消耗品を買うときに、ぜひ試してみてほしいのが、**ときどき「異質な色」を選ぶ**こと。

ふだんの自分が、まず選びそうにない色をあえて選ぶことで、さまざまな色に慣れることができます。

たとえば、いつも選ぶペンやノートが、黒、グレー、ブルーなどのオーソドックスで地味な色の人なら、ちょっと派手めのピンクや黄色を買ってみましょう。

きっと違和感を感じ、買ったけれど使いたくない気分になるかもしれません。

たとえば黄色い表紙のノートに、ピンクのペンの組み合わせは、見た目にうるさく、気分が悪い。でも、ノートを白い表紙のものにしてみたら、ピンクのペンとしっくりなじみ、そのペンが「けっこう素敵」と思えるようになります。

色の組み合わせは必ず、何かしら調和する可能性と方法があります。最初は少し我慢して、その可能性を楽しんでみるのも、1年に1回くらいはおすすめなのです。

「こだわり」は、言いかえれば好きなものに「偏る」こと。ほかを受け入れない、ということです。その偏りが単なる惰性にすぎないことも多々あります。

そんな人に、最初は少し気持ちが慣れなくても、違う世界を発見することは悪いことではない、と言いたいのです。

これは**人との関係にも通じます。**自分とは異質と思う人、相容れない人がいたとしても、見方さえ変えれば、受け入れることができます。

ノートやペンなどの小さなもので、「十人十色」のイメージトレーニングができれば、とてもお手軽で安上がりなこと。不調和なものに対し、何かしら調和する方法を見つけることとは、自分自身の頭も柔軟にします。

ペンとノートで一度慣れると、次はいつもと違う色の服を買ってみよう、こんな色も面白いな、あんな色も面白いな、と興味と勇気が出てきます。ファッションでの色使い、色の組み合わせも上達していきますよ。

第2章

色で心をコントロールする

Color Recipes

人は色で体調も心も動かされている

『色の秘密』の著者、野村順一氏は、本の冒頭で、「色彩は光である」と述べています。

太陽光線は、多くの色光からなり、それぞれの屈折率によって7つに分散し、色の帯が生じます。

いわゆる、赤、橙、黄、緑、青、藍、紫の虹の色です。この7色はあくまで便宜上で、実際に虹を見ると、もっと複雑な層に見えたり、少なく見えたりします。

外国はというと、虹の色は6色というのが常識の国もあれば、虹の色の数など考えたことがない、という国もあるようです。

ともあれ、色彩＝光で、光は電磁波でもあります。私たちがふだん見ている色は、それぞれが波長をもち、目だけでなく、皮膚でも感じています。

「紫外線は人体に当たると50％を皮膚で反射し、残る50％が体に取り込まれ熱に代わり、ビタミンDを作るはたらきをする。色彩はどこで見ているのか。当然目であるが、皮膚でも色彩を見て（感じて）いる」（『色の秘密』より）

実際に、光や色彩によって、人の筋肉は緊張、弛緩を繰り返します。赤い部屋と青い部屋で過ごした人の実験では、**色によって体温、血圧、脈拍が変わり、時間の感覚さえ変えてしまうことがわかっています。**

そして色は、人の情緒も揺り動かすのです。

色にはそれぞれ、私たちが感じ取るイメージがあります。心を元気にしてくれたり、やる気にさせてくれたり、ちょっと冷静にさせてくれたり。それらを**上手に利用すれば、心は意外と簡単にコントロールできる**、ということです。

好きか嫌いかは別にして、見ると必ず選んでしまう色、手に取ってしまう色。それらは、今のあなたの心をそのまま表しているものです。そして、足りない色を少しだけがんばって補うことで、心のバランスが保たれ、状況が好転します。

それは、「色で人生が変わる」と言ってもいいほどの影響力なのです。

Color Recipes

色は「心の応急処置」になる

目に入った色が視神経を通じて脳に届き、刺激を伝えることで、人の気分に、一定の働きかけをします。

落ち込んでいるときに暗い色や黒っぽいものばかりを見ていては、心は沈むばかり。そんなときは、あえてピンクのネイルをしてみたり、オレンジのハンカチをもつことで、少し明るい気持ちになります。つまり、**色を使って自分に暗示をかける**わけです。

だから、心がざわざわしたときは、空を見る。疲れたときは、街路樹の緑を見る。室内にいる場合は、明るい服を着た人を見る。それだけで気分が少しもち直します。

「色は心の応急処置」と思うのは、このように私たちの気分を変える、とても身近で簡単な手段だからです。

たとえ街なかで暮らしていても、空や街路樹、花屋さんの店先に並ぶ季節の花など、私たちのまわりには身近な自然があります。色で心をコントロールしたいとき、そんな身近な自然の色を見るのが一番です。

自然の色は、常に一定ではありません。空は日によって真っ青にも、グレーにも見えます。白い雲とのコントラストがくっきりと美しく見えるとき、太陽の光の加減で、キラキラと輝いて見えたりすると、何かいいことがありそう、などとわけもなく思ってしまいます。朝から雨が降り続き、どんよりと暗い色をしていたら、赤い傘をさして気分を上げてみようかな、とも思います。

街路樹も季節によって葉が緑から黄緑、黄色と色を変え、花屋の店頭も、季節によって並ぶ色はさまざま。このように、色は常に少しずつ変化するもので、そのバリエーションがとてもたくさんあることを、自然の色が教えてくれるのです。

そんなちょっとした色の変化に気づいたり、それに合わせて自分を微調整したり。それが、**自分でできるカラーセラピー**です。

いいときもあれば、悪いときもある。だからいいのだと、色が教えてくれます。そんな身近な色を使って、気軽に日々の気分をコントロールしてみましょう。

Color Recipes

100点より60点の楽しさを知る

「顔色」とはよく言ったもので、色が極端に出るわけでもないのに、その人の顔を見ると、元気がないな、調子よさそうだな、というのがわかります。内面の状態が表情に出ていることを「色」と表現するのは、面白いなと思います。

私のコンサルにいらっしゃるお客様は、「もっと色を味方につけたい」「ビジネスで成功したい」と前向きな気持ちで臨んでくる方がほとんどです。でも、仕事や家庭、人間関係がうまくいかず、どうしていいかわからない状況の方も多くいらっしゃいます。とりあえず、自分に似合う色を知ったら何かが変わるかもしれない、と思っていらっしゃるのでしょう。

そういう方は、顔色を見ればなんとなくわかります。一見、元気そうな表情をしていても、まったく似合わない色を着ていたりします。

ほかにも、とにかく黒やグレーばかりを着ている人も多いです。黒は、重く感じさせる強い色なので、黒の力に完全に負けてしまっている人は、まるで重い鎧を着せられているように見えます。

この場合、**外見と中身のちぐはぐさが感じられるため、なんらかの問題を抱えているのかな、と心配になります。**

また、着ている服の色が、その人よりも目立ってしまうと、本人の良さが消されてしまいます。

肌の色素が薄く、やわらかいパステルカラーが似合いそうな人が、モスグリーンやマスタードなど、深くて渋い色のものを身につけていると、服の重たく暗いイメージが、着ている人よりも勝ってしまい、より強調してしまうことも。

そんなお客様の一人で、コンサルをしばらく続けていた方から、「ようやく、七江さんが言っていたバランスをとる、ということがわかってきました。今、100点ではなく、60点くらいだけど、すごく楽しいです」とお手紙をいただき、とてもうれしい気持ちになりました。

100点よりも60点の楽しさを、私はコンサルでおすすめしています。

もっと言えば、50点でも40点でもいいかもしれません。ちなみに私は、毎日を最低でも45点と意識して生活するようにしています。そうするととても気が楽ですし、どんなに疲れていたり、落ち込んでいても落ちすぎることがないので、45点が目安となって、自分の感情にふり回されません。

まだ十分な自分ではないけれど、誰かと話してみたいと思ったり、新しい趣味を始めてみようかな、とわくわくしたり。何かを成し遂げたわけではないけれど、新しいことを吸収して、次に自分が踏み出す一歩が見えた状態でいるときこそ、毎日が楽しく、充実して感じられるのではないでしょうか。

目標に向かって一気に突っ走ると、折れたときに、とことん落ちてしまいます。進むときこそ、リスクを想定し、周囲を見ながら、いいバランスで自転車をこいでいけるのが一番。

そのために、**色が心を後押ししたり、ときにストップをかけて、冷静になることを教えてくれたりします**。色が私たちに及ぼす影響は、思った以上に大きいのです。

Color Recipes

やる気が出ないのは、色のマンネリ化のせい⁉

気持ちがどんよりして、何をやっても冴えない、面白くない……。そんなときもあるものです。新しい発想や、やる気が出ないのは、目に入るものがマンネリ化し、ときめきを失っていることが大きな原因ではないでしょうか。

そんなとき、人によっては部屋の模様替えをしたり、デスクまわりを整理して、ものの配置を変えてみたり、何かしら気持ちを切り替える工夫をしています。すると気持ちがリフレッシュされ、前向きになり、また新しいことを始めてみたくなるものです。

色も同じ。

色は、視覚を通して脳の視床下部に届き、刺激となって細胞を活性化します。

いつもと違う発想が生まれたり、気持ちがぐっと切り替わるばかりでなく、体調さ

え も変えてくれます。つまり、少しずつでも**「昨日と違う色を見る」ことは、いつも新しい自分でいるための秘訣**なのです。

コーヒーばかり飲む人なら、ときどき色のついたハーブティーやオレンジジュースを飲んでみる。部屋に鮮やかな色の花を飾る、バッグや靴も、黒や茶ばかりではなく、週に何度かは、赤やピンクなど、違う色のものを試してみてはどうでしょう。

色はこうして気持ちを切り替えるスイッチになるばかりでなく、それぞれの個性を理解し、利用したり避けたりすることで、自分の心や体調をコントロールする手助けにもなってくれます。「色」ひとつでそれができるなら、とても手軽でお得だと思いませんか?

また、ひとつのことに偏らず、バランスのいい心を保っていくためにも、「色替え」は必要です。それぞれの色に個性があること、どの色にも長所と短所があることを理解し、色合わせを考えることは、人の個性を理解し、自分の立ち位置、あり方を客観的に見る力にもつながります。

こうして、**さまざまな色を素直に受け入れられるようになると、自然と人とのコミュニケーションがスムーズになります**。これが最も見逃せない「色の効果」です。

Color Recipes

魔性の色、パープル依存症は要注意

多くの女性は大人になると、一時「パープル依存症」に陥りやすくなります。

「紫」は、情熱の赤、冷静の青という、真逆の色を混ぜた中間色。紫の服ばかり選んでしまうという心理状態は、「もう、どうしていいかわからない」という不安定な状態と言えます。

周囲の女性のなかでも、

「受験のとき、紫がすごく好きだった」

「仕事で独立したばかりのとき、紫ばかり着ていた」

という話が続々と出てきます。たいがいが、赤でもなく、青でもない。**どちらとも決められない、不安な心境**だったことがわかります。

さらに、女性が紫を着るとキレイに見えるところも、依存症になりやすい理由のひとつです。

日本では古くから高貴な色とされてきただけあり、使い方によっては上品に見える色。でも、使い方を間違えると下品にも見えてしまいます。

心理的にバランスのいいときは、女性を女性らしく、最高にキレイに見せてくれるけれど、不調のときは極端に悪く見せてしまう。だから、**心理状態がよくないときに選ぶ紫は、あまりあなたをキレイには見せてくれない**と言ってもいいでしょう。

紫は、そんなぎりぎりのところにいる魔性の色。だからこそ、魅力を感じてしまうのかもしれませんが。

同じく、依存症になりやすい色が「緑」です。青と黄色を混ぜた緑は、紫と同じ中間色です。何も考えたくないとき、心が弱っているとき、人は緑という癒やしの色に頼りたくなります。

でも「緑ばかり」になってしまうのは、安全圏に閉じこもろうとする行為。結果、徐々に気力がそがれていき、うつ状態へと向かいやすくなります。

最近、「紫ばかり」「緑ばかり」を選んでいませんか？　色の洗脳にかかっていないか、一度ふり返ってみてはどうでしょう。

Color Recipes

スポーツのユニフォームは、赤と青のリバーシブルが最強

サッカーなどで、赤いユニフォームと青いユニフォームのどちらが勝負に有利か、という話があります。

ふつうに考えて、強そうなのは「赤」。闘争心をかき立て、攻撃性の強い色だからです。でも、赤いユニフォームを着ている選手より、それを見ている相手チームの選手のほうが、赤で闘争心をかき立てられることがあるため、一概に赤がいいとは言い切れません。

その点、日本代表の「青」のユニフォームはどうでしょうか。鎮静効果のある青が、相手チームに安心感を与え、疲れてきたときにクールダウンさせている可能性があります。

もし、日本代表のユニフォームが赤だったら。相手チームに、「よし、がんばるぞ」

と思わせてしまうかもしれませんし、いっぽう、自分たちが弱ってきたときに、威圧感やプレッシャーとして効果的に働くかもしれません。

スポーツのようにメンタルを伴うものと色との関係は、とても難しいものです。

ユニフォームが、赤と青のリバーシブルだったらいいのにな、と思います。**相手チームの状況によって、赤にしたり、青にしたり。まさしく色を使った心理戦**です。

色を上手に取り入れたいスポーツはいろいろあります。ランニング、水泳、ゴルフなど。特にゴルフは、ファッションの幅が広いので、ウェア、靴、ゴルフバッグやグリップカバーなどで、さまざまな色を選ぶことができます。

もし、グリップカバーの色がバラバラだったら、集中力が欠けてしまいます。色を統一したり、同系色でまとめてみましょう。「なかなかスコアが上がらない」と悩んでいる人も、集中力がつくことで、きっとスコアが上がります。

また、せっかくの機会なので、仕事では取り入れていない色を少量使ってみるのもいいでしょう。ふだんの仕事服に青系が多い人は、グリップカバーやゴルフバッグだけ「ピンク」を使ってみる。苦手な色も、楽しい場面でなら、意外にチャレンジできるものです。

でも、すべてがピンクになってしまってはだめ。ゴルフバッグがピンクなら、グリップカバーは青でそろえたり、ピンク以外の赤やオレンジなどを使うときも、全体のバランスを常に意識してください。

Color Recipes

「絶対必勝」の赤は、つらいときだと逆効果

「赤」といえば、ゴルファーの石川遼くんが、かつてテーマカラーにしていましたね。政治家が、赤いネクタイで討論に臨む様子もよく目にします。

赤には、気持ちを前向きにする「絶対必勝」の効果があります。自分を駆り立てたい、どんどん前に出たいと思ったときに活用してみるといいでしょう。

しかし、赤はそれを支える心の強さも合わせもったときでないと、逆効果になります。言い方を変えれば、**弱い精神状態でいるとき、人の心は赤に負けてしまう**ことがあるのです。

たとえば、すでにすごくがんばっていて、かなり無理をしているとき、心を奮起させるつもりで赤を取り入れても、かえって疲れてしまうことがあります。また、身近な人やペットなど、とても大切な相手が亡くなったときなど、無理に元気を出そうと

赤を取り入れようとしても、抵抗を感じたり、心がさらに折れやすくなってしまうことがあります。

それほど赤は強い力をもつ色なのだということを、覚えておいてください。取り入れるなら原色の刺激が強い赤よりも、**やや透明度の高い赤**を選ぶことをおすすめします。

赤い切り子のグラス、ガラスのペン立て、小さなルビーのついたアクセサリーなど。ガラス、クリスタル、プラスチックなど、透け感のある素材で作られた赤い小物を、少量だけ取り入れることから始めてみましょう。

そして、少し元気が出てきたら、部屋にガーベラやバラなど、真っ赤な花を飾ってみてください。朝起きて「今日は天気が悪くてちょっと気分がのらないな」というとき、ふと赤い花を目にすると元気になれます。

赤い部屋と青い部屋を使った実験では、人の体温の上がり方が違うことも実証されています。赤は自律神経に働きかけ、体温や血圧を上げる働きがあるのです。

「目標を決めて一年間がんばるぞ」とすでに前向きな気持ちをもっているときは、いつも、もち歩く赤い手帳や赤い財布が、お守りのように気持ちを後押ししてくれます。

Color Recipes

リラックスするなら、カフェより緑色

目が疲れたとき、木々の「緑」を見ると疲れがとれると言われますが、これは医学的にも根拠があります。

緑の色は目に入ったとき、こり固まった目の筋肉をゆるませ、リラックスさせると言われています。

さらに、緑は目だけでなく、精神的な疲れを感じているときのヒーリングにも効果的です。

緑は青と黄色の中間色で、中立であるということは「何も考えなくていい」ということ。いろんなものを見たり考えたりして疲れた……というとき、ふと緑を見ることで、気分が中和されるのです。

緑のヒーリング効果を代表するものに、森林浴があります。

緑を視覚でとらえ、木々の香りをかぎ、マイナスイオンを全身で感じて……。いわゆる自然を五感で感じることが、心身を癒やす森林浴の効果です。

とはいえ、忙しい日々のなか、森林浴の機会など限られたもの。身近な「緑」を使って癒やし効果を試してみましょう。

やり方は、なるべく五感を使い、イメージすること。

色は視覚だけでなく、味やイメージで感じとるものでもあります。家のなかや会社のデスクにグリーンをひとつ置いたり、ふだんコーヒーや紅茶を飲んでいる人は、緑茶を選んだり。スイーツは抹茶ケーキを。緑のパッケージのミントガムをかむのも効果的です。

ただし、緑の色調には、少し気をつけてください。

疲れているときは、広葉樹の葉のような落ち着いた深い緑ほど効果的で、明るい黄緑など、トーンが高くなるほど、落ち着かない気分になっていきます。

そんなリラックス効果の高い緑ですが、家中をグリーンで埋め尽くしたり、緑の服ばかり着る「緑依存症」になりはじめたら、要注意です。緑に依存するのは、心のSOS。少し疲れているのかもしれません。

Color Recipes

茶色のほっこり感は、ストレスを軽くする

一般的に、ストレス解消にきく色は「緑」と言われていますが、「茶色」がもつ力も見逃せません。茶色は、どーんとした安定感をもつ大地の色。テディベア、床やテーブルの木目、茶色の毛の小動物……などなど、どこかホッとする、安心感のある色です。

そう。茶色はがんばるときの色ではなく、**心を安定させたいときの色**。

特に茶色の使い方として効果が高いのは、家のインテリアに取り入れることです。仕事で疲れて家に帰ったとき、床が茶色の家は玄関を開けた瞬間、戦闘モードから一転、くつろいで、ホッとした気持ちに切り替えてくれます。

また、**人が集まりやすい特徴**もあり、くつろぎを感じるためか、友達が居座る傾向もあるよう。これは茶色が団らん、コミュニケーションの色であるオレンジに近いこ

とも、理由のひとつかもしれません。

いっぽう、床や壁、家具などを白と黒のモノトーンで揃えた家は、どうでしょう。見た目にはモダンで、とてもおしゃれな印象ですが、毎日その空間で過ごしたときの心への影響には、注意が必要です。

白と黒は緊張感の強い色。緊張した空間で過ごすことで、精神的に緊張した状態が続き、知らず知らずのうちに、ストレスとなって蓄積していきます。子どもがいるなら、なおさらです。子どもは、モノトーンを怖いと感じます。

そして、色のない無彩色の組み合わせは、人のコミュニケーション能力を下げやすく、子どもが非行に走る可能性を助長します。

ただ、そのような家も茶色のラグマットをしく、木のフォトフレームを飾る、茶色っぽい服を着るなどして茶色を取り入れることで、緊張感をやわらげることができます。

茶色が表すのは「現状維持」。ほかの色に比べ、ちょっと面白みのない色とも言えますが、家のなかには絶対、欲しい色でもあるのです。

Color Recipes

脳をだまして、ビタミン色でリフレッシュ

気分転換にはいろいろな方法があると思いますが、そのひとつが「1回リセットする」こと。**リセットするなら、「白」が一番効果的**です。

新しい、真っ白なノートを見ると気持ちがリセットされ、新たな気分で書き始めることができるのも、白がもつリセット力のため。

パソコンを前に、根を詰めて仕事をしたときは、少し手を止めて横の白い壁を見てください。頭のなかが一度リセットされることで、次の作業もはかどりますよ。

ほかにも、**「すっきり、気分をリフレッシュしたい」ときは、ジューシーな色**を。

オレンジや明るい黄色など、いわゆる「ビタミンカラー」と呼ばれる色は、私たちを爽やかで元気な気分にさせてくれます。オレンジジュースなど、フルーツジュースで取り入れるのがいいでしょう。

お気づきかもしれませんが、色には医学的な効果が実証されているものもありますが、**情報による「暗示」の効果も多大**です。

いつもコーヒーを飲んでいる人が、たまにフレッシュなオレンジジュースやグレープフルーツジュースを飲むときは、ちょっとビタミンを補給したかったり、気分を変えたいときのはず。フルーツには体にいい効果があることを情報として知っているからこそ、健康的なビタミンカラーで元気になれる、と自分に暗示をかけることができるのです。

そんな暗示がもつ、心への影響力は見逃せないもので、これがカラーセラピーの本質と言えるかもしれません。

そして、私がジュースをおすすめするのは、瞬時にできることだから。

ふだん、オレンジの服がどうも似合わない、小物にもオレンジがない、いわゆるオレンジになじみのない人も多いことと思います。そんな人が、無理にオレンジの服や小物を取り入れる必要はありません。瞬時に視覚でとらえ、一時的に体に取り込めるジュースくらいなら、ちょうどいい気分転換になります。

Color Recipes

イライラ時の赤は、人間関係を乱す

情熱的で前向きで、アグレッシブな色と言えば「赤」。

リーダーシップを発揮する人のキャラクターも赤でたとえられるほど、強さ、前向きさでは、他の追随を許さない強い色です。

気持ちをふるい立たせてくれるので、大事なプレゼンの日や人前で話すときなど、自分のモチベーションを高めたいときに、赤いものを身につけることで、赤の恩恵を受けることができます。

ただ、色には必ずプラス面と同時にマイナス面があることを忘れないでください。

主張が強く、熱い印象を与える赤は、ときにその熱さが人をイラつかせ、暑苦しく感じさせてしまいます。

たとえば、プレゼンをするときに、これ見よがしに赤い服で登場した場合、自分自身は気合いが入るかもしれませんが、見る側はなんとなくイラつきを感じるかもしれないのです。

そんな危険をはらむ強い色ですから、使い方としては、人には見えない下着や手帳などの小物に取り入れるくらいが、安全かもしれません。

赤は、自分がイライラした気持ちでいるときのNG色でもあります。

服はもちろん、心がざわついているときは、赤い食べ物も避けたほうが無難。

たとえば仕事が思うようにいかず、イライラしているときなどは、トマト系のパスタではなく、白っぽいカルボナーラを選ぶほうが、視覚的には落ち着きます。とはいえ、やっぱりトマト系が食べたい、というときもあるもの。その場合、一緒にペリエを頼みましょう。あの瓶の緑が、パスタの赤色の強さをほどよく中和し、気持ちを穏やかにしてくれます。

女性の場合、生理前のイライラにも赤は避けたほうがいいでしょう。

この時期は、気持ちをやさしく、おおらかにしてくれるピンクがおすすめです。ピンクは子宮の色でもあり、女性には欠かせない色のひとつ。下着などに取り入れると穏やかな気持ちになれます。

Color Recipes

買い物欲求は、茶色の小物で冷静になる

風水では、「黄色」の財布でお金がたまると言われますが、色の心理学では、出費を抑えるのは「茶色」の財布。

茶色の長所は落ち着きと堅実ですが、言い換えれば、冒険心がなく、チャレンジしない。お金で言えば出費を抑えるほうで、そんな茶色の財布なら、衝動買いや余計な出費を抑えられます。

反対に、出費を増やしてしまうのが赤い財布。冒険心や行動力が湧き、目についた気になるものに、惜しげもなくお金を使ってしまいます。

最近はネットで買い物をすることも多い世の中なので、パソコンまわりの小物やスマホカバーの色のほうが、注意が必要かもしれません。

ただでさえ、気軽にクリックして買いすぎてしまうことがありますが、赤いものが

目に入ると、ますます買い物が大胆になってしまいますから。

でも、財布の色は決してお金の出入りだけに影響するものではありません。いつもバッグのなかに入っていて目にする色、ランチのときにもち歩く色でもありますから、好きな色、今の自分の気分に合っている色を選ぶのも、楽しいと思います。

そのために、**財布もマメに替えるのがおすすめ**です。

よく2年に1回と言われますが、もっと頻繁でもいいくらい。

複数の色の財布を用意しておき、そのときどきのシチュエーションに合わせて選んでみましょう。やさしい気持ちが足りていないな、と思ったらピンク、「がんばるぞ」と思ったときは赤など。

特に、服の色が無彩色やベースカラーの人は、小物に鮮やかな色を使うと気分がアップします。

マメに財布を替えると、そのつど、なかが整理できるのもいいところ。使っていないポイントカードやクレジットカード、入れっぱなしのレシートなど、不要なものは処分して、カードの並べ方も工夫を。色のグラデーションで並べると、財布を開いたときに、とても気持ちのいいものです。

Color Recipes

アイデアに行き詰まったら、黄色でひらめきを

黄色は光の色。明度が高く、注意を引く色であり、論理的な発想をもたらす色でもあります。黄色を好む人はビジネスセンスがあり、経営面でも成功している人が多いように感じます。

企画やアイデア出しに行き詰まったり、難問にぶつかったときは、ぜひ黄色の力を借りましょう。ピカーン！　とひらめきが訪れるはずです。

身近なところでは、黄色のクリアファイルや蛍光ペン、付箋など。クリーム色に近いやさしい黄色より、**レモン色や『ポケットモンスター』のピカチュウのような、鮮やかな黄色が効果的**です。

人の目を引く、注目を集める色でもありますから、黄色を好んで着る人は、ちょっと目立ちたがり屋か、もしくは、目立たなくてはならない、前に出て行かなければな

らない、という思いが強い人。

また、男の子でも女の子でも、子どもが真っ先に選ぶのも黄色です。

それくらい一瞬で人の目を引く色ですから、道路標識や信号、幼稚園の帽子などに使われるのも納得できますよね。

また、料理雑誌の表紙では、半分に切ったゆで卵を添えた料理の写真を使うと、その号がとても売れるのだとか。書店に並んだときに目を引き、多くの人が思わず手にとってしまうのでしょう。

ゆで卵の切り口の黄身、トロトロのオムレツなど、黄色は「おいしそうな色」の代表でもあります。私も、表紙に黄色を使った料理本は、なんとなくアイデアが浮かぶ気になります。

赤は刺激をくれたり、背中を押してくれる色ですが、**黄色は、客観的なアイデアを呼び起こしてくれる色**なのです。

黄色はファッションに取り入れにくくて……という人なら、落ち着いたマスタード色でも構いません。自分が取り入れやすい色みから選んでみましょう。

また、柄物のワンピースなどで黄色が少量使われているだけでもOKです。

黄色は、その目立つ性質から、派手なトーンのものをたくさん使いすぎると、人に不愉快さを感じさせることがあります。でも、柄の一部なら嫌な印象を与えません。複雑な柄の中でこそ光の色として存在感を発揮し、あなたを輝かせてくれるでしょう。

第3章

生活に色の効果を取り入れる

Color Recipes

Color Recipes

朝は赤、夜は青で体のリズムを整える

たとえば、低血圧の人などは、赤いスリッパや赤いマグカップなど、朝一番に赤いものを目にすると体温と血圧が上がり、すっきりと目が覚めます。

私はよく、赤い一輪のバラやガーベラを、洗面台のところに置いています。すると、赤が眠たい朝のいい刺激となって、すっきりする気がするのです。

このように、**朝のリズムを色で作ると、脳と体のスイッチが条件反射で切り替わります**。試してみてはいかがでしょう。

夜は、**夕方くらいから、じわじわとリラックスモードに変えていき、睡眠の準備に入ります**。

日が沈んできたら、ライトも少し弱くし、暗くしていきます。間接照明というと、オレンジや黄色がほとんどなので、一見、刺激的な印象があるかもしれませんが、赤と違い、オレンジや黄色の明かりは、目や心を穏やかにしてくれます。

また、部屋は電球色の照明でふわっとさせ、別の五感を、パープルやグリーンなどの青系の中間色で癒やしてあげるのもポイントです。入浴後にラベンダーのオイルを塗ってみたり、ミントの香りを放ってみたり……温かさも寒さも感じないパープルやグリーンの力で、いったん一日の疲れを癒やし、バランスを取り直します。

ある程度リラックスしてきたら、少し青の入ったものを目にしてみてもいいでしょう。寝室のなかにブルーを取り入れたり、月に何回かはシーツや枕カバーの色を青にしてみたり……。

太陽と月ではありませんが、朝と夜の自分の体のリズムを考えて、「赤」を使ったり、「青」を使ったりと、体と心と対話しながら、うまく色を取り入れていきましょう。

Color Recipes

癒やしのスイッチは玄関から

一般的には、「緑」や「ベージュ」はリラックスできる色と言われます。ベージュは、大地の色で、落ち着きを感じる茶をさらに薄くした色。人の肌色にも近いので、なじみやすく、緊張を感じさせません。

職場では、黒いジャケットを着た女性より、ベージュ系のジャケットを着ている女性のほうが、仕事を頼みやすいでしょう。家のなかでも、カーテンなどにベージュやアイボリーを使うと、すっきり明るく見えながら、白のような緊張感を伴わないので、とても使いやすく、家族団らんにも最適。インテリアには欠かせない色です。

ただ、ベージュを使えば癒やされる部屋になるのか、というと、必ずしもそうとはかぎりません。なぜなら、そこに**「好きな色」があってはじめて、人は自分の家が好きと感じ、わが家に帰ってきた、と実感をもてる**からです。人によっては赤を見て、癒やされる場合もあるでしょう。

そこで、**玄関に好きな色の小物をひとつ置きましょう**。

スリッパ、花瓶、絵、花、フォトフレーム、傘立てなどに、自分が一番好きな色を取り入れてみてください。目に入るだけでうれしくなるような色の小物を厳選します。なるべく目立つ色、明るめの色がいいでしょう。

帰宅して真っ先に、好きな色が目に入ると、わが家に帰ってきた、という意識にスイッチが入り、とても癒やされます。ペットの犬や猫が、玄関で待ってくれているような感覚です。

でも、家族がいる場合は、自分の好きな色だけを優先させるわけにはいきません。赤が好き、と思っても、仕事で疲れて帰ってきたパートナーが、その赤を見てイラッとしてしまう場合もあるからです。

そう考えると、多くの人に共通して癒やし効果があるのはやはり「青」や「緑」。青なら、特別な小物を取り入れなくても、大きな窓のあるリビングで過ごしたり、晴れている日にベランダに出るなどして、青空を目にすればいいのです。

また、玄関に観葉植物を置くのも、とても理にかなっていると思います。できれば深く暗い緑より、少し明るめのやや黄緑寄りの葉の植物がいいでしょう。

少量の黄緑は、疲れて帰宅したときもパッと目に飛び込んでくる、とてもキャッチーな色。戦闘モードから一転、くつろぎにスイッチが切り替わります。

Color Recipes

心地よく眠れる寝室は、色で作る

男性のふとんは「青」、女性のふとんは「赤」がいい、と言われることがあります。これは、体温の高い男性は青で涼しく、冷え性の女性は赤で暖かく、ということからきています。

たしかに、青は最も冷たい色で鎮静力があります。赤と青では体感温度に3℃もの開きがあるので、薄い水色のシーツなどは、寝苦しい夜、汗が抜けるような涼しさを感じます。さらに、運動神経の興奮を鎮め、脈拍をゆるめるので、仕事の緊張が続いた後でも、リラックスして眠りにつくことができます。

青の効果は、鎮静剤のきかない不眠症の人でさえ、眠りに誘うと言われるほどです。

ただ、たとえ男性でも、**青は真冬の夜やかぜのひきはじめ、かぜをひいているときには、体を冷やしすぎる**場合があります。

シーツはこまめに替えられるのがいいところです。季節やその日の気分、体調に合わせて色を替えてみてください。同時に、お風呂にしっかりつかり、体を温めてから眠りにつくことも習慣にしたいことです。

夏は爽やかな青やミントグリーン、冬は少し温かみのあるクリーム色、子どもが欲しい夫婦なら薄いピンクのストライプなど。子どもと一緒に川の字で寝るときも、ピンクの色が入ったシーツなら、みんながやさしい気持ちで眠りにつけます。

寝室は読書をしたりテレビを見たり、寝る前に子どもと遊んだりと、多目的に使われるもの。必ずしも青い環境にこだわる必要はありません。

やはり、**リラックスできるアイボリーなどのベーシックカラーを主体にし、小物やベッドカバー、シーツなどで色づけをしてみてください**。すると、ふだん青に慣れない人でも、青が強すぎないので、居心地のいい空間になります。

ほかにも、寝る前に読む本のブックカバーを青にするなどして、少量の青を見るだけでも、心地よい眠りにつけるでしょう。

また、読書スタンドは蛍光灯のような白っぽい光より、電球色の黄色い光のほうが、リラックスできます。白い光は日中の太陽、黄色い光は夕陽をイメージさせる色だからです。

でも、あまりにも狭い空間で電球色の光を見ていると、火を暗示させるのか、暑く感じ、神経が興奮して眠れなくなる場合があります。手元をピンポイントに照らすより、やや広めにコーナー全体をやさしく照らすフロアスタンドの光のほうが、寝る前の読書にはおすすめです。

Color Recipes

お風呂は、色のセラピー効果が高い

一日の終わりに、リラックスして心地よい眠りにつきたいとき、バスタイムに色を取り入れるのがおすすめです。

寝る前のクールダウンには「青」や「緑」が効果的です。

特に「緑」の癒やし効果は、日中忙しく過ごし、ストレスがたまったときのリラックスに最適。

新緑の香りがするグリーンの入浴剤を使えば、森林浴の気分になれるでしょう。小さな観葉植物の鉢を置いたり、モスグリーンのバスタオルを使うなど、緑をテーマにしたバスタイムにするのも楽しいものです。

寝つきを良くするなら、鎮静効果のある「青」。

青い入浴剤や、海の香りのバスソルトを使い、貝殻などを置いて海をテーマにしてみては。波の音のBGMをかければ完璧です。

少し夏っぽい演出なので冬には向かないと思うかもしれません。でも、青で寝つきを良くしたいなら、冬は青いシーツだと体が冷えすぎてしまうので、寝る前のお風呂で使うほうがおすすめです。シーツは、アイボリーやクリーム色にすると、暖かく眠れるでしょう。

お風呂で色を楽しむのは、手軽さの面でいいなと思います。インテリアでは、気軽に色を加えたり、替えたりするのが難しい場合があります。

入浴剤や石けんなどなら色を替えるのはとても簡単。その日の気分で替えることができるのもいい点です。シャンプーやボディソープのボトルの色を、お気に入りの色にして、詰め替えるのも楽しいですよね。

また、色と同時に香りを楽しめるところもポイントです。入浴剤が透明だとしても、森林の香り、海の香りや音がすれば、それは緑、青と同じ効果。色は五感で感じるものですから、**香りと音から色を想像するバスタイムは、とてもセラピー効果が高いの**

です。

明日、デートを控えている女性なら、ピンク色のバスタイムを。バラの香りの入浴剤で女性らしい、やさしい気持ちを呼び起こして。明日の朝はきっと若々しく、肌のつやも良くなっているはずです。

Color Recipes

インテリアは、色を「散らす」とまとまる

雑誌で、ファッションやインテリアの写真を見ると、モデル一人のファッションのなかでも、部屋などのひとつの空間でも、アクセントとなる色が何カ所かに使われていることに気づきます。

スタイリングの手法のひとつと言えますが、印象的な色を1カ所ではなく、数カ所に使うことを「色を散らす」と言います。ポイント程度の少量の色でも「散らす」ことで、全体のコーディネートがまとまり、その色が強く印象に残ります。

色はこうして、**何回か使うことによって全体に統一感をもたせることができます。**

私たちの日常でも、たとえば口紅とベルトを赤にするなど、見え方を計算し、そろえることで、全体のコーディネートがまとまりやすくなります。これがピンクの口紅、赤いネイル、オレンジのベルトでは、がちゃつき、かなりちぐはぐに見えてしまうの

です。

家のなかも同じ。玄関マットに青を使うのなら、リビングのどこかにも青を入れてみましょう。たとえば、3つあるクッションのうちひとつに青を使います。青の柄やストライプなど、少量使われているだけでも、「この家はこういう色使いなのだ」と、テーマカラーとして印象づけることができます。

「メインになる色を決めたら、もう1カ所、同じ色を反復する」と覚えてください。2〜3カ所くらいがちょうどいいでしょう。使いすぎると、ちょっとしつこい印象になるので、気をつけてください。まずは、玄関に入ったときにぱっと目に入る場所に1カ所。そして、リビングにもう1カ所。キッチンにもう1カ所使ってもいいかもしれません。同じ色の花をコップにさして置くだけでも十分です。

たとえるなら、ハンドクリーム。家のなかの3カ所くらいに置いて、「見たら塗る」を繰り返すのが、手荒れ予防に効果的です。1カ所に置いておくだけでは、わざわざそこに行かなければ塗れないので、効果はあまり期待できません。

色も、家のなかの動線上に数カ所あれば、自然と反復して視界に入り、その色がもつ効果をより実感することができます。

Color Recipes

部屋がごちゃつかない色の割合

よく、部屋のなかに色が多すぎて、ごちゃごちゃに見えてしまうことがあります。無計画に色数を増やし、何も考えずに並べていては、色の洪水になるのは必至。とても疲れてしまいます。

インテリアの色はまず、**床を「ベースカラー」**と考えます。次に、**ソファやカーテン、ラグなどが「サブカラー」で、部屋全体の2〜3割**、**小物や花などで加える「アクセントカラー」は1割未満**、という面積配分が理想です。

この面積の割合さえ気をつけていれば、アクセントカラーで多少色数が多くなっても、ごちゃついた印象にはなりません。

さらに、アクセントカラーは、同じ色を2カ所に使ってリンクさせたり、赤からピンクなど、グラデーションで並べたり重ねたりすると、ごちゃついた印象を避けられます。

白いソファに、「黒」や「赤」などの、はっきりした色のクッションを1個置くと効果的なアクセントになります。また、赤、オレンジ、黄色などの同系色を3個並べると、ひとつのかたまりに見えるため、色数が多くてもまとまって見えます。

ほかにも、いろんな方法があります。

茶色や白の微妙な違いにこだわるのも、とてもキレイです。たとえば、家具の色を統一させます。同じ茶色や白でも違っていることが非常に多いので、通販ならサンプルを取り寄せたり、実物が見られるのなら、すでに家にある家具の色をチェックしてからお店に行き、色のズレを極力避けるようにするのがいいでしょう。

また、**家具のイメージや部屋のテーマを決める**のもまとまりやすいです。

北欧なのか、アジアンなのか、ミッドセンチュリーなのか、和風なのか……部屋のテーマをある程度決めておくことです。同じテイストの家具だと、色のトーンも似ていることが多いので、買い足す家具もバラつきません。もちろん色幅が多いものもあるので、事前にしっかりチェックしましょう。

そして、**家全体に統一感をもたせる**ことも重要です。

よくあるのが、リビングだけ、寝室だけがまとまっているのに、全体を見ると、ちぐはぐしていることです。

インテリアは玄関から始まります。玄関の傘立て、スリッパ、キッチンにさりげなく置かれたケトルやミトンなど、小物のテーマカラーを1色決めて、それを上手に散らすのもいいですね。

Color Recipes

家族が仲良くなれる部屋は、オレンジ色で作る

家族が仲良く過ごせるようにするには、「オレンジ」が力になってくれます。**オレンジは、コミュニケーションを喚起する色。**ナチュラル色のフローリングにオレンジのソファを置いたリビングでは、家族同士、活発な会話ができるでしょう。床は、木や土を感じさせるナチュラル系の色や濃い茶が、くつろげる空間を演出します。白っぽい床なら、ラグを敷いてカバーするのでもいいでしょう。ソファなどの大物をオレンジにしなくても、マグカップや食器など、家族が集まるシーンで少量のオレンジを使えばＯＫです。

こたつの上にみかんを置いた様子が家族の団らんを表すのも、理にかなっています。オレンジを囲んで家族が集まると、楽しく会話がはずむもの。夫婦や親子で喧嘩をしたときも、どちらかがみかんをすすめると、とたんに緊張感がゆるみます。

もうひとつ、「ピンク」も家族を仲良くさせるのに効果的です。

有名な話ですが、アメリカの刑務所で、ピンクに塗られた独房に収監者を入れたところ、暴力や攻撃的な行為が激減したそう。それくらい、**ピンクには人をやさしい気持ちにさせる効果があります**。夫婦喧嘩が絶えない家庭では、スリッパやベッドカバーなどに、ピンクを取り入れてみてはどうでしょう。

反対に、喧嘩が起きやすいのは「赤」。刺激が強く、感情に働きかける色なので、赤が多いとカッとなりやすくなります。

実際に、赤が好きな人には、喧嘩っぱやい人が多いのです。どちらも赤が好き、というカップルは、最初とても仲が良く、楽しく盛り上がるいっぽう、喧嘩が多いのも特徴。一度喧嘩したら簡単には仲直りできない、というパターンも多いようです。

仕事をしている男性は、外では積極的で前向きな赤のキャラクターでいなければならないことが多いものです。家では寒色系でクールダウンすることで、はじめてバランスが取れるので、家庭内では赤は不要かもしれません。

もしパートナーが草食系の男性だったら、ケトルや食器、箸置きなど、ちょっとしたものに赤を使って、積極性を呼び起こす、という方法も。

Color Recipes

和室が落ち着くのは、色が人になじむから

どんなに暮らしが欧米化し、フローリングやカーペットの暮らしに慣れてきても、私たち日本人の多くは、和室に入るとリラックスします。

マンションでも、リビングの横が畳の部屋だったり、和室を残すケースは少なくありません。子どものおむつ替えやお昼寝にも便利。両親が泊まりにきたときのために、和室のある部屋を望む人も多いようです。

和室のくつろぎ感は、座ったときの目線の低さ、畳の香りなどからも感じますが、理由の大半は「色」にあります。

和室は砂壁、畳、ひのきの柱、杉の天井、ふすまや障子、桐たんすなどで構成されています。「ベージュ」「わさび色」「白」といった同系色のまとまりで、特にひのきの色は人の肌色に近く、部屋と人が同系色です。**同系色の調和は、人に安心感をも**

たらす組み合わせ。そして和室の淡い色の環境は、人の筋肉を弛緩させます。

さらに、光は、物に当たると、はねかえるか入りこむかに分かれます。しかし、和室の色合いと、人の肌色の反射率は同じと言われ、その点でも**和室と人はよくなじむ**、というわけです。なんと言っても、天然の木材や壁材など、自然素材は呼吸をし、人との親和力も抜群。日本人にかぎらず、欧米の人でも、和室のリラックス効果はだれもが認めるところでしょう。

マンションの和室では、なかなか感じることはできないかもしれませんが、見事なのが、茶室の色の面積配分です。

約70%が「ベージュ」「わさび色」などのベースカラー。ふすまや障子の「白」はサブカラーで約25%を占め、残り5%は床の間の花や茶碗など、アクセントとなる小さなもの。サブカラーの白が、深みのある花や和の小物の色を引き立てています。

この色の配分は、今の暮らしのなかでも参考にできます。リラックスした色を背景に、さし色として、日々違う花や小物で、色と季節の移り変わりを楽しむ。「色」を見て、心をコントロールするのに理想的な配分と言えます。

Color Recipes

単色使いは緊張感を生む

近未来を描いた映画などで、床も壁もすべてつるんとしたタイルの真っ白な部屋が出てくることがあります。見ていて、とても現実離れした緊張感を感じます。

看護師さんや歯科衛生士さんの制服が、最近は真っ白ではなく、ピンクやブルーなどの淡いパステルカラーになっているのも、患者さんに緊張感を与えないため。

特に**白は光を反射して目が疲れるのはもちろん、純真無垢をイメージさせるため、汚したらどうしよう、という警戒心が無意識に働きます**。実際に少しの汚れでもつけてしまったときには、小さなシミでもとても目立ちます。

真っ白い部屋は、すっきりとしていてスマートでおしゃれな印象もあります。でも、白の分量を間違えてしまうと、住んでいる人はもちろん、訪れた人にも緊張を強いてしまい、くつろげるムードからはかけ離れてしまいます。

最近はマンションでも、白い床が人気のようです。白い床と白い家具のインテリアはとても素敵。明るくて清潔感があり、広く感じさせる効果もあります。でも、やはり白単色では疲れてしまいます。白にかぎらず、どんな色でも、単色使いは緊張感を伴うのです。

全身真っ白、全身真っ黒、といったファッションを思い浮かべるとわかりやすいと思います。ベルトやバッグ、靴、アクセサリーなどに、ほかの色を加えることで緊張感がやわらぎ、全体にメリハリをつけることができます。

インテリアも同じです。

サブカラーやアクセントカラーを加えたり、同色でも濃淡のグラデーション使いをすることで、空間にメリハリが出ます。単色使いの緊張感は、色を加えることで、安心感、くつろぎ感へと変わっていくのです。

ちなみに、私はお客様に柄ものの服を積極的に着るようにすすめています。

柄ものは着こなしが難しい、似合うものがわからない、という方も多いのですが、実は、無地の服より着こなしは、むしろ簡単。

いろいろな色や形が合わさっていることで、ひとつの色の強さや印象をやわらげてくれるからです。**無地の服のほうが「ごまかし」がきかず、強い印象となって相手に伝わってしまう**ため、私自身、袖を通すときは少し緊張するのです。

Color Recipes

カーテンの色で体感温度は３℃も変わる

引っ越して新しい家に住むことになると、カーテンの色をどうしようか、と考えます。**部屋のなかでカーテンが占める面積は大きく、心身に与える影響も非常に大きい**ことを覚えておいてください。

真っ赤、真っ青など、強い色を単色で使うのは避けたほうがいいでしょう。

赤、オレンジ、黄色などの暖色系は太陽や火を暗示し、心理的に温かさを感じさせます。

反対に青、緑などの寒色系は水や氷を暗示し、冷たく感じさせます。

その心理的な温度差は３℃もあるので、カーテンの色によって体感温度もかなり変わります。

また、暖色系は膨張色で前に迫って見える作用があり、その分、部屋が狭く感じられます。逆に、寒色系は後退して見えるため、広く見えます。小さな部屋では、暖色系のカーテンは、色みによってはちょっと息苦しく感じるかもしれません。

カーテンを季節で替える方法もあります。

夏は涼しく感じる寒色系、冬は暖かく感じる暖色系。たとえばオレンジやマスタード、茶系など、ほっこりする色をリビングに使うと、冬は暖かく感じます。

床の色とのバランスも大切で、たとえば床もこげ茶、カーテンもこげ茶だと、重厚感は出ますが、部屋全体が暗く、重たくなってしまいます。床とカーテンの色の組み合わせは、どんなテイストのインテリアにしたいかでも変わります。

また、たとえ夏でも、単色の真っ青なカーテンは体を冷やしすぎてしまいます。青なら、少し黄色が入ったターコイズブルーを選ぶようにしましょう。アイボリーの地に、ターコイズブルーがデザインされているようなものなら、バランスがいいでしょう。タッセルの色を青系にして涼しさを演出しても素敵ですよね。

季節を問わず、年中使えるのがアイボリーやオフホワイトのカーテンです。リラックス感があり、さらに鮮やかな色みの小物や花などがとても引き立ちます。

小物は、季節やその日の気分に合わせ、こまめに替えましょう。気分を変えたいとき、元気をもらいたいとき、気軽に色の効果を取り入れられます。

背景がアイボリーやオフホワイトのカーテンなら、色がごちゃついて見えず、アクセントのきいた、メリハリのあるインテリアが楽しめます。

Color Recipes

色の刺激が子どもの個性を育てる

子ども部屋の色は、その子の育ち方にも少なからず影響を及ぼします。

「青」や「緑」などの寒色系はリラックス、「赤」や「オレンジ」などの暖色系は血圧を上げ、筋肉を緊張させる作用のある色。

子ども部屋の壁やカーテンを「青」にすると、集中力が高まり、勉強ができると言われたりします。でも、子ども部屋のような小さな空間に青をたくさん使うと、冷たい感じになり、エネルギーが低減して、消極的な子になってしまうかもしれません。

はっきりした色をたくさん使うと、それだけ心にも影響し、その色（個性）に偏ってしまう点で、注意が必要です。赤や青などの強い色は、「ずっと目に入る」状況にならないほうがいいでしょう。

たとえば、椅子の背に使うくらいにとどめたほうがいいと思います。使う前は椅子の背の青が見えているけれど、いざ座って机に向かうと見えない。これくらいの取り入れ方がおすすめです。

女の子で、やさしい子に育ってほしいときは、やはり「ピンク」を入れてあげるのがいいでしょう。薄い桃色から、かわいい元気なピンクまで、いろいろなピンクがあります。大人っぽいサーモンピンクは、子どもがピンクととらえないため、少し濃いめのピンクのほうがおすすめです。

また、少し黄みが入った「アクアブルー」は、男の子も女の子も好きな色です。原色の青よりも黄色が入っているぶん、温かい印象で、やはりやさしい気持ちを起こさせます。

「黄色」はわんぱくで元気に育つ色。友達もたくさんできる色なので、子どもにおすすめです。実際に、**男女問わず子どもが一番好きな色は黄色**です。

ただ、黄色には、幼いという意味が込められています。親としては、「小学校に上がったら、黄色からの卒業!」と決め、高学年になるころに、青なりピンクなり、子どもに好きな色を選ばせるのが理想です。

真っ白な、殺風景な部屋も要注意。たとえ整理整頓されて清潔感漂う素敵な部屋であっても、子どもの教育にはあまり適しません。**色の刺激をまったく与えないと、脳の成長が遅れてしまいます。**

私たち人間は、目がとらえた情報を、眼球内の網膜で電気信号に変え、大脳へと伝えて、色として感じています。

親たちは、この大脳の80％が完成する3歳ごろまでに、子どもたちにできるだけたくさんの色の情報を与え、刺激してあげることが大切なのです。

Color Recipes

白いオフィスは仕事の効率を下げる

人が「時間」を感じる感覚は、環境の色によって変わります。

赤い部屋では時間が長く感じられ、青い部屋では短く感じられます。

実際に行われた実験では、同じ1分間を過ごしても、青い部屋の被験者が11秒も短く感じていたという結果があります。覚醒効果のある赤い環境では、人は周囲の状況を敏感に感じるようになり、時間の経過もゆっくり感じるようです。

オフィスでは、会議室に情熱的でエネルギッシュな「赤」が使われると、企画に対して活発なアイデアが出やすくなります。でも、個々の意見は積極的に出されても、それをまとめたり、冷静に判断する力が赤には不足しているので、あまり発展的な話し合いにならない可能性があります。そればかりか、時間が長く感じられて「面倒だな」と思ってしまうかもしれません。

その点で、売り上げなどのお金の話をする会議には、「青」を使った部屋が向いています。集中して冷静な話し合いや判断ができ、しかも「あっという間」という感覚で、だらだらとした空気にはなりません。集中力がアップしているので、じっくりと議論ができるでしょう。

商品企画やデザインの仕事では、「木目」や「ベージュ系の色」が向いています。気分がリラックスするα波が出て、感性を働かせることができるからです。

一見、白で統一された空間のほうがおしゃれで、アイデアも浮かんできそうですが、白、特に**真っ白は、緊張感が高まり、疲れやすくなります**。

経理や事務のように、理論的にてきぱきと仕事をこなすには、「オフホワイト」を。デスクなどに取り入れると、作業が効率よく進みます。

ただし、デスクそのものを真っ白にするのも要注意。ほどよく明るさを落としたオフホワイトなら、目にもやさしく、仕事の効率アップも期待できます。

もしデスクまわりが寂しいなと感じたら、リラックス効果のある緑を置きましょう。作業の邪魔にならない、小さな観葉植物を、見えるところにチョコンと置いてあげると、心が穏やかになり、平常心が保てます。

とはいえ、あまりにもくつろいだ環境にしてしまうと、効率が落ちるので、ほどほどにすることがポイントです。それでも真っ白な空間がいいという場合には、椅子をカラフルにしたり、柄のラグマットを敷いたりして、適度に色を加えて部屋をやわらげるとよいです。

私は、どんなに色の力を借りても、人の集中力は一定の時間しかもたないと思います。必要なのは、気分転換ではないでしょうか。

外資系の会社で、オフィスに色とりどりのバランスボールを置いているところがありますが、素晴らしいアイデアだと思います。違う色を見て体を動かすのは最高のリフレッシュ。きっと、次の仕事に集中して取り組めると思います。

Color Recipes

オフィスに青を使うとうつ病が増える

集中力アップや、冷静沈着な青の効果を狙ってなのかはわかりませんが、20年ほど前はカーペットもパーテーションも、椅子も、全部をブルーやブルーグレーに統一したオフィスがとても多かったように思います。

最近は、だいぶ減りました。

こんなに**青ばかりの空間では、社員の気分が沈み、個の世界に入ってしまって、「なんとなく会社に行きたくない」と思わせる**気がしてなりません。

節電の影響で、オフィスの廊下が暗く、さらにブルーのカーペットなどが敷かれていたら、どうしてもどんよりとした気持ちに陥ってしまいます。

実際、オフィスで青色を使うのをやめたら、うつ病の人が減ったという話もあります。

私が一からオフィスカラーの依頼を受ける際は、ブルーはあくまでもアクセントカラーとして使うようにしています。そして、空間全体は、明るいグレーやアイボリーといったベーシックカラーで作るように心がけています。

青は集中力が高まる色ではあるけれど、休み明けの月曜日に対して「ブルーマンデー」という言葉があるとおり、沈んだ気分を表す色でもあるのです。

Color Recipes

妊娠したら黒をやめる

子どもは、2、3歳までに、だいたいの色彩感覚が育つと言われています。子どもが目にする色は、母親や家族、インテリアなどの環境の色が大部分です。周囲の人、まわりの環境がどんな色からなっているかで、子どもの色彩感覚は、大きく変わっていきます。色彩感覚は生まれながらにもっているものではなく、乳児期の視覚体験によって得られるものなのです。

そのため、子どもができたら黒の服やモノトーンのインテリアなど、無彩色の色は避けるのがいいでしょう。できれば、**妊娠したら黒をやめる、くらいの気持ちを。**

これから始まるカラフルな子どもの色の世界のため、まずはお母さんが準備をしなくてはいけません。似合う、似合わないはとりあえず考えず、いろいろな色の服を着てみましょう。

世のなかにはたくさんの色があり、「意外にいいな」「この色を着ると気分がいいな」「逆に調子が出ないな」など、感じるだけで十分です。

大切なのは「色を変える」ことにママが慣れること。そしてお腹の赤ちゃんに音楽を聴かせるように、たくさんの色を感じさせてください。色も一種の胎教です。

そして、赤ちゃんは産まれたら、形よりも先に色を感じるようになります。生後2〜3カ月で色を見分ける力が芽生えはじめ、黄色や赤、オレンジなどのはっきりした色、パステルトーンの明るい色を好むようになります。緑、青、紫などの寒色系は苦手で、黒を嫌います。

2歳をすぎると色の名前が言えるようになり、5〜6歳で、自分はこの色が好き、と好みがはっきりしてきます。

子どもが小学校に上がるまでは、なるべくたくさんの色を見せてあげてください。そして、色の好みが出てきたら、自分で色を選ばせましょう。

私が子どものころ、小学校のランドセルは男の子が黒、女の子が赤、と決まっていました。ところが一人、緑のランドセルを背負っている男の子がいました。変わり者といじめられるどころか、勉強もよくできて、スポーツ万能、ユーモアもあり、いつもやさしくて、クラスの人気者だったことを覚えています。

「どうして○○くんのランドセルは緑なの？」と彼のママにたずねたことがあります。するとと、「だって○○がこの色がいい、って言ったから」と答えたママ。

異質になることを恐れず、色選びを本人の意思に任せたママはすごいな、と改めて思います。

Color Recipes

子どもの非行は「色」で防げる

子どもの非行を防ぐ方法のひとつが、**幼児期にたくさんの色を見せ、着たい色、もちたい色を自分で選ばせること**です。なぜなら、子どものころに親から与えられた服やもち物の色に対する子どもの思いはとても根深く、成長するにつれてその影響が表れるから。その後の人生、性格や生き方にも関わってきます。

お客様へのカウンセリングを重ねながら気づいたのは、色を受け入れられない人、特定の色に偏っている女性の多くが、「母親がこの色を着なさいと言ったから」「母が派手好きだったから……」と、母親のことを口にします。

子どものころの環境、親に押しつけられた色のイメージは、子どもの心に強く残り、「いやと言えなかった」思いが残ります。「言えない子」が成長すると、ある時期に爆発し、暴力や動物虐待などの極端な行動に出ることも。

ひきこもりになるのは、人とのコミュニケーションがうまくとれず、自分の安全な世界に閉じこもってしまうから。親に対する強い反発は、思春期なら、ある程度自然なことですが、何か心に問題を抱えてしまう深刻なケースもあります。

もしくは社会に出たとき、自分を表現できず周囲とうまくコミュニケーションができない、どう生きていいのかわからなくなる、という場合もあります。

親としては、「子どもが言わなかったから気づかなかった」と言うでしょう。ママがモノトーンが好きで、インテリアもファッションもモノトーン。さらに「お揃いでかっこいいよね」などと、子どもにも黒い服を着せていたとします。

小学校に上がり、友達が着ているピンクの服がうらやましくなっても、**ずっとママの言うことを聞いてきた子は、その時点で、もう言えなくなっている**のです。

とはいえ、悪い話ばかりでもありません。モード系ブランドの黒い服ばかり着せられていた子が高校生になり、「本当はこういう色が着たかった」と、色鮮やかな服を自分で選ぶようになったという話も。色への渇望はファッションへの興味に広がり、雑誌を研究しながら、赤やオレンジ、黄色など、カラフルな原色をとても個性的に、センスよく着こなしているのだとか。すばらしいことだと思います。

Color Recipes

黒が好きな子どもは、心に闇を抱えている⁉

あるお母さんの話です。知り合いから、お古でもらった、子ども用の黄色と黒の2枚のレインコートがありました。黒いほうがちょっとおしゃれに見えたので、4歳の子どもに着せようとしたところ、

「僕、それやだ。黄色のこっちのほうがいいよ」

と言われたそうです。

子どもは無意識に、黒を嫌います。成長過程のなかで、ごく自然なことです。

幼稚園の子どもに「好きな色は？」と聞いて、「黒」と答えたらびっくりしますし、パパやママの絵を黒いクレヨンで描いていたら、やはり家庭環境や親子関係など、どこかに問題があります。**黒い絵は、心のなかの恐怖や抑圧を表しているから**です。

服も同じで、親が自分と同じ感覚で、安易に子どもに黒を着せることはよくないこ

とです。その影響は、その子が大人になってから表れることがあるので気をつけてください。「嫌いな色を着せられた」思い出ほど、根深いものはありません。

色彩効果の実験で有名なものに、まだ熟していないトマトに、白い袋と黒い袋をかぶせて日光の当たるところに置き、熟し具合を比較したものがあります。

袋をかぶせていないほかのトマトが熟したころ、それぞれの袋をはずしたところ、白い袋のトマトは完全に熟し、黒い袋のトマトは、緑のまま、しわができて枯れていたという結果に。

白い袋は、生命に必要なすべての光（色波長）を透過し、トマトに伝えて熟させていました。いっぽう、黒い袋はそれらの光をすべて吸収してしまったため、トマトが熟すことができなかったのです。

これを子どもに置き換えるとどうでしょうか。

光は複数の色波長からなり、皮膚、神経、内臓など、すべての器官に作用します。子どもは若い実であり、光を浴びて細胞が成長していきます。

黒い袋（服）をかぶせることは、小さな子どもを光から遠ざけることになります。心身の成長に、悪い影響はあっても、いい影響はひとつもない、と言ってもいいのです。

Color Recipes

意見が言える子に育つ色の使い方

子どものころの色との関わり方が、意見が言える子になるかどうかに深く影響します。

まずは、**親が子どもに色を押しつけないこと**。

小学校に上がる前には、子どもには「好きな色」ができます。服の色、部屋の色、ランドセルの色など、子どもに好きな色を選ばせることが実はとても大切なのです。

この時期の子どもにとって、母親はとても大きな存在です。

もし、これらの色を母親が選び、与えたとしたら、たとえ望む色ではなくても、受け入れてしまう子がほとんど。こうして、どんどん意見が言えない子になっていきます。大人になるまで引きずる可能性が高いので、気をつけてください。

意見が言える子に育ってほしい場合、**インテリアではポップで濃い色の小物を部屋**

のところどころにさりげなく散らすと、強い色がほどよい刺激になり、意見を活発に言えるようになります。ただし、強い色なだけに、使いすぎると子どもの我が強く出すぎてしまい、自己中心的になる恐れがあるので、ちょこちょこっとさりげなく置く、がポイントです。

また、気をつけたいのは「緑」。中立を保つ色なので、緑の分量が多い部屋にいると、安全圏にいることを望む子になる場合があります。

争いごとを嫌い、平和を願うあまり、意思が弱く、自分の意見が言えない優柔不断な子になってしまうかもしれないのです。

緑はインテリアとしても心地よいものですが、余りに多くの緑に長時間囲まれることは、これから成長していく子どもにおいては心配です。

お子さんの性格をよく見て、どんな色がこの子に必要かを考えてあげることが大切。使う場合はやはり、部分的なコーナーや小物などに取り入れるのがおすすめです。

Color Recipes

「男は青、女は赤」は日本だけがやっている

色のなかで一番人気があるのが「青」。世界で一番愛されている色です。

青は空と海の色であり、だれもが「キレイ」と思った経験をもつからかもしれません。

日本では早くから、黒や青は男の子の色、赤やピンクは女の子の色、と無意識のうちに教えられます。そして3歳くらいになると、それを理解するようになります。実際に、5～6歳になると男の子は青、黄色を好むようになり、女の子は赤、オレンジ、ピンク、黄色などを好む、と言われています。

でも、実際はどうでしょう。ヒーローの色でもある赤が好きな男の子は多いはずですし、ピンクより水色が好きな青派の女の子も多いと思います。

「男が青、女が赤」の色分けは、日本特有のものかもしれません。

たとえば、公衆トイレのマークの色。最近ではどちらも黒で表示されたりと、男女を色で分けない所も見かけるようになりましたが、日本ではまだまだ男性が青、女性が赤で分けられているところが多いようです。この色分けがもし逆になったら、たちまち混乱するでしょう。

たしかに、ひと目でわかりやすいのは事実です。でも、諸外国では、公衆トイレのマークは昔から男性も女性も、どちらも黒の場合が多く、性別を色で分ける感覚が、日本ほどありません。

それが、大人になってからの色のセンスにも通じているのではないかな、と思います。欧米の男性は、赤やピンクを、何の抵抗もなく、自然に着ているように見えます。

幼いころにいろんな色に囲まれていると、自然と色に対して抵抗がなくなっていきます。慣れてくると、いろんな色があることが、当たり前になっていきます。海外での生活を通して色彩感覚が長けてくるのは、常にいろんな色の建物やセンス溢れる街並みのなかに、身を置いているからです。

日本の場合、最近は減ってきたかもしれませんが、「男のくせに赤い服を着て」など、大人から子どもへの刷り込みがあるのは、残念なことです。子どもも自主規制し、結果、大人になってから、「受け入れられない色」「苦手な色」「本当は好きなのに着られない色」が多く出てきます。

色彩の好みは小学校6年生で一度かたまると言われていますが、今どきの小学生は、おしゃれにとても興味をもっているので、もっと早いかもしれません。

「自分で好きな色を選ぶ」「好きな色を着る」ことは、子どもの成長過程で、とても大切なことです。親の意見ではなく、**自分の意思で好きな色を選べるということは、決断力や選択力があるということ**につながります。

子どもは、イヤな色を着せられると、自分の意思をおさえて、我慢してしまう子に育つ可能性があります。すると、将来大人になっても、肝心なときに自分の意思を言えなくなり、「なんでもいいよ」「残ったもので」というのが口ぐせになります。

本当は心のなかで、「私はあの色がいいな……」と思っているのに。この状態は人によっては、この先何十年も引きずってしまいます。

子どもの性格にもよりますし、長男か次男か、長女か次女か三女かにもよりますが、子どもは親に反抗できる子とできない子がいます。そこに、「色」という感情をともなう存在まで押しつけられてしまうと、子どもは、まったく自由がないように感じてしまうのです。

色は、感情表現のひとつでもあります。

子どもの色の好みは尊重し、あまり自主規制させないことをおすすめします。

第4章

健康と美を手に入れる色の魔法

黒は無難な色ではない

お会いするお客様で多いのが、黒以外の色をほとんど着ない人です。過去にお会いした方のなかには、仕事で黒のスーツが義務づけられている場合もあれば、彼氏の好みで、ある高級ブランドの黒い服ばかりを買い続ける人もいました。事情はさまざまですが、なかでも多いのが、黒を「無難な色」と思っているケースです。黒が似合わないとわかった後も、黒にまた手が出てしまうお客様が多いのも事実。理由はやはり「黒は楽だから」というもの。

色のあるものは「合わせ方が難しい」「自分には似合わない」「どう選んでいいかわからない」、だから消去法で黒を着るという選択になるようです。

黒は重厚感と同時に、高級感も感じさせる色です。黒塗りのハイヤーに、高級でフォーマルなイメージを受けるのは、車の形よりも、「黒」という色のなせるわざ。それくらい、黒は特別な色であり、「黒様」と呼びたくなるほどです。

また、黒は「プロっぽさ」も感じさせます。黒をテーマカラーにしたスポーツジム、ハイブランドの店員さんの黒い服、どちらも、黒がもつ威圧感をうまく利用し、高級感とプロっぽさを感じさせています。

だから、「やせて見えるから」「合わせやすいから」「とりあえず黒」という感覚で選ぶ人が多いのが、少し残念。結婚式などのパーティで、招待客の女性が全員黒、ということも珍しくなく、もったいないな、と思うのです。

みなさんが思っているほど、**黒は汎用性がある色ではなく、誰もが似合う色でもありません。**

パーソナルカラーで分けると、黒が似合う人は実はごく一部です。似合わない人が黒を着ていると、「重い」「お葬式みたい」など、マイナスイメージだけが浮き上がってしまいます。

そして、**黒ばかり着ていると、その人自身の気持ちが、ほかを受け入れにくい、かたくなな状態に陥ります。**自分を殻に閉じ込め、解放することを拒絶するようになるのです。

黒はフォーマルに選ばれるほど存在感のある、高級な色です。一度、黒の魔法にとりつかれると、そこから脱出するのが少々怖くなるのかもしれません。黒はどんな人にも強さや権力を備えて見せてくれる特別な色なのですから。だからこそ、黒は私たちの心に多大なる影響を与える色なのです。

そんな黒ばかり着ていたお客様に、勇気を出して明るい色を着てもらうと同時に、鏡を見る回数を増やし、もっと笑うようにアドバイスしました。

あまり人と話そうとしなかった人でも、明るい色の服を着ることで、人から話しかけられるようになります。本人も自然と元気になり、性格が別人のように明るくなっていきました。

しかも、表情が明るくなることで、表情筋が使われ顔色も良くなりました。ファンデーションの色もワントーン明るくなり、以前より薄化粧でも大丈夫になったのです。今では、自分から手をあげて前に出るようになるほど、積極的になっています。

本人が言うには、黒をやめたことで男性からの反応が変わり、自分の性格もやさしくなったと言います。その後、友人から彼氏へと発展していった方もいます。

「黒ばかり」のお客様も、パーソナルカラー診断により、似合う色を知り、自分を輝かせる服の幅を知ることで、徐々に変化が表れます。

最初は靴やバッグ、もち物などの小さなもの、やがて洋服も、**色のあるものを受け入れ、苦手な色でも取り入れていくと、多くの方が、自然体でいながら、新しい自分を発見できます。**そして、驚くほど周囲からの評価が上がるのです。

Color Recipes

黒い服は、性格まで重たい人に見える

黒い服を着たり黒いタイツをはくと、細く見えると思っている人は多いと思います。たしかに黒は引き締め色。白や薄い色、淡い色は膨張色です。

わかりやすい例では、白と黒の碁石。同じ大きさだと、碁盤に並んだときに白のほうが大きく見えてしまうため、黒の碁石のほうが少しだけ大きく作られています。

見逃しがちなのが、このように**黒は小さく見える効果があるいっぽう、量が増えると非常に重く見える**、という事実です。

ポッチャリした人が黒いスカート、黒いタイツ、黒いブーツを履くと、下半身がどーんと、重たく見えてしまうことにお気づきでしょうか。

色彩心理学では、色の「重さ」に対して数々の実験がされています。人は明るい色ほど「軽く」、暗い色ほど「重く」感じるのです。白い包装紙に比べ、黒い包装紙は

2倍の重さに感じるとも言われるほど。

ある工場では、荷物の梱包に黒っぽい暗い色の箱を使っていたところ、それを運ぶ従業員の疲労が激しく、白い箱に替えたと言います。箱が軽く感じられ、作業がずっとスムーズになったそう。

また、真っ黒なコートを着ている人を見ると、白やアイボリーなどの明るい色のコートを着ている人に比べ、重そうなものを着ているように見えます。

そんな黒の影響を考えると、タイツやブーツの「黒ずくめ」を考え直してみたくなりませんか？　街中で、きっと「下半身が重そう……」と見られています。

さらに、デートに黒い服ばかり着ていくと、**男性からなんとなく「重い女」と思われる**ので要注意です。

仕事の服が黒と決まっている場合は別ですが、私はお客様になるべくふだんは黒い服を着ないようにすすめています。自分自身も大事なプレゼンや商談のとき以外は、極力控えています。

どうしても着たいときは、最高に似合う一枚を探して着るか、もしくはレースやシースルーなど、透け感のある軽やかな素材を。黒の重さを軽減してくれますよ。

黄色で便秘改善

昔から、**便秘改善に「黄色」を見ると効果的**という話があります。

これはインドのチャクラの考え方からきている、と言われています。

いっぽうで、黄色はトイレのコーディネートに向いている色、とも思うのです。実際は、胃腸薬のパッケージにも黄色を使っているメーカーを多く見かけます。

では、なぜ胃腸には黄色がいいのでしょうか。

青などの寒色系は、血液をキュッと締め、見た人に冷たく感じさせる色です。女性なら、トイレは暖色系をおすすめします。しかし、同じ暖色系でも、赤色は血圧を上げてしまう心配もあるため、少し刺激が強すぎるかもしれません。黄色なら、春をイメージさせるような自然な明るさがあり、ぽかぽかと胃腸を温めてくれるでしょう。

便秘の大きな要因の一つは、ストレスでしょう。仕事などで緊張感が続くと、脳からお通じのサインが出にくくなります。トイレのような小さな空間を真っ白にコーディネートすると、緊張感を誘ってしまいます。**やや黄色がかった「アイボリー」のほうが、脳もリラックスし、腸も活発に動く**と言えます。

もう少しトイレに色をつけたいときは、黄色、オレンジなど、やや刺激があり、暖かみのある暖色系がいいでしょう。

黄色は、胃腸を活発に動かす色でもあるので、脳と体もお通じへと向かいやすくなります。

「これを見ると、トイレに……」くらいの、切り替えスイッチのような刺激も必要だからです。

黄色の置物や小物、スリッパなどをトイレのコーナーに置いておくのがいいでしょう。この方法で、トイレに行く回数が増えたお客様もとても多いので、おすすめです。

料理は5色プラス1を意識する

料理は、甘い、塩辛い、すっぱい、苦い、辛いという「五味」に加え、白、黒、黄、赤、青（緑）の「5色」をバランスよく含むと、味も見た目にもすぐれた献立になります。また、**色がもつ栄養素をまんべんなくとれるので、栄養面でもバランスがよくなります**。

たとえば朝食なら、ごはんや豆乳（白）、ひじきの五目煮、わかめ入りの味噌汁（黒）、鮭の塩焼きやトマト（赤）、ほうれん草のごま和え、レタス、ブロッコリー（緑）、かぼちゃの煮つけ、ハムエッグ（黄）などが、和食にも洋食にも応用できます。

また、茶色っぽいブリの照り焼きに、ピンクと緑のキレイな谷中しょうがを添えたり、まぐろの赤身のお刺身に、緑のしそを敷いたり。同系色で濃淡をつけたり、反対色（補色）を添えてアクセントをつけたりすると、食材の色がより引き立ち、目からも食欲をそそります。

5色の食材にはどんなものがあるでしょう。

白は、米、小麦粉、豆腐、れんこん、大根、じゃがいも、里いもなど。

黒は、ごま、海藻類（わかめ、ひじき）、きのこ、こんにゃくなど。

黄は、卵やにんじん、かぼちゃ、レモン、納豆、さつまいも、黄パプリカ、黄ミニトマトなど。

赤は、トマトや赤パプリカ、肉類、魚類（マグロ）など。

これはあくまでも色で分けた5色です。栄養価ではないので少し内容が異なります。

緑の食材の多くは野菜です。日光を吸収して作られた葉緑素に加え、ビタミン、ミネラルを含んでいて、私たちは緑の野菜をとることで、日光と色彩を、体のなかに取り入れることができます。

緑というと、ブロッコリー、ほうれん草、小松菜など、濃い緑の野菜から、レタスやキャベツなど、薄い緑のものまであります。**色の濃さによって栄養分も変わり、ど**

ちらもとりたいものなので、私は5色にプラスして、レタスやキャベツなどの「黄緑」を加え、「5色プラス1」と考えるようにしています。

冷蔵庫を開け、なかに入っている食材の色をどう組み合わせるか。ある意味戦略が必要ですから、献立を考え、作ることは脳トレにもつながります。料理が認知症予防にいいとされるのは、組み合わせ、調理法などの段取りを考えながら、手を動かすため。脳のリフレッシュや若返りにおすすめです。

冷蔵庫の残り物で献立を考える習慣がつくと、クローゼットの整理も上手になります。冷蔵庫の奥が見えない人は、同じようにクローゼットのなかもよく把握していないのではないでしょうか。

賞味期限切れのものを出さないよう、あるものでレシピを考えて調理することは、おしゃれ上手の思考回路にも通じます。クローゼットの中身と世のなかのトレンドの両方を常に把握して、いろいろなコーディネートを考える作業に似ているからです。

また、しばらく色彩豊かな食事をとったら、一度リセットするために**「色の半断食」**をしてもいいでしょう。

たとえば、1食を野菜ジュースだけにします。朝はにんじんのジュース、昼はほうれん草のジュースなど、色を1色だけにしてその色を楽しみます。また、ほかの色をシャットアウトして、白だけにするのもおすすめです。豆腐や豆乳、雑炊など、あえてねぎやかぶの漬物など、ほかの色は加えずに、白だけをとる日と決めます。

たくさんの色を一度シャットアウトする「色の半断食」は、改めて脳と体をリフレッシュさせてくれます。

Color Recipes

肉食系女子は「赤」が好き⁉

真っ赤なネイルや真っ赤な口紅は、女性をとてもセクシーに見せます。同じ女性から見れば、似合う人がつけていると、決していやらしくは見えないもの。むしろ、

「かっこいいな」

「女らしいな」

と、高評価です。でも、なぜか赤いネイルや口紅は、男性ウケがよくないのです。

「すごい色だね」

「激しいね」

などの心外な言葉をもらうこともあります。もちろん赤好きの男性もなかにはいますが。

これには理由があり、もともと「真っ赤」「真っ青」などの原色は、理性や思考力を弱め、感情に働きかけるため。

刺激の強い色ですから、何か強い欲求があるときに、求めてしまう色でもあります。

そのため、ネイルや口紅に赤を選ぶ女性を「欲求を隠さない肉食系」と見て、判断する男性がいる、ということ。

実際に、ちょっと自信がないとき、勢いをつけたいとき、刺激が欲しいときに、一番背中を押してくれる色が赤です。もともと攻撃的な色である赤を見てほっとする人は、何かしら欲求不満な状態か、もしくは、今まさに赤の勢いを貸してほしいと思っているのです。

ちなみに、「恋」と「愛」という字を、赤とピンクの色鉛筆で書き分けるとしたら、あなたはどちらの色が赤でしょうか。

情熱的な赤が「恋」で、献身的で母性的なピンクが「愛」？　もしくは、心浮き立つ「恋」がピンクで、さらに深い「愛」が赤でしょうか。

色で塗り分けると、その人の恋や愛に対して思い描くイメージがよくわかります。

もっとたくさんの色を使うと、「愛」を緑や茶で描く人も出てきます。緑は「癒やし」、茶色は「安定」。愛のイメージも人それぞれですね。

面白いので、ぜひ一度、試してみてください。

Color Recipes

食欲を抑える青、増進する青

料理を盛る器によって、おいしそうに見えたり、見えなかったりすることは、経験上、多くの人が感じていることだと思います。

器が料理の味を左右することを「ハロー（後光）効果」と言い、たとえば絵や写真を飾る際、フレームの台紙の色によって、その絵や写真が、とても素敵に見えたりするのと同じことです。

日本では古くから、「黒」や「朱」の漆器、萩焼などの「茶」の陶器が使われてきました。食材の色を引き立てる黒、食欲をそそる朱、卵焼きや煮魚と濃淡で調和する茶など、器の色は、料理をおいしく見せるためにとても重要です。

白い器も人気があります。白はどんな色とも調和する色。特に、色とりどりのサラダがより色鮮やかに見えるなど、白ならではの後光効果は、まるで料理の腕が上がったように見せてくれます。

最近は、これらのベーシックな色にかぎらず、インテリアショップや雑貨店で、赤、黄色、青など、色とりどりの食器が見られるようになりました。**料理に色が足りないな、と思ったらこのようなカラフルな器を使って食卓に色を足す**のもいいでしょう。

食器売り場では、よく青い皿が残っているのを見かけます。

たしかに、赤、オレンジ、黄色などとくらべ、食とはあまり結びつかない「青」。実際に食欲を減退させる色とも言われ、ダイエット中の人にはおすすめです。

心を鎮める青が見えると、食べたい気持ちにブレーキがかかる気がします。ロイヤル コペンハーゲンの白磁に青の模様が入った美しい皿は、クッキーがほんの2枚のっていれば十分。満足していただけるから不思議です。

ただ、同じ青でも温かみのある「ターコイズブルー」の皿に料理を盛ると、どこか特別な料理に感じ、おいしそうに見えます。なぜならターコイズブルーは、青に、食欲をそそる「黄色」が入った色だからです。

また、日本では昔から、藍の染め付けの器など、青を使った器も多いのです。考えてみたら食材には、緑はあっても青はありません。それを器で補うことで、食卓の色がバランスよく整い、まとまるのだと思います。

Color Recipes

パステルカラーは脳がボケる

病院や介護施設などの内装には、ピンクやグリーンのパステルカラーがよく使われています。看護師さんの制服も、最近は薄いピンクやブルー。無彩色の白衣では患者さんに活力が湧かないので、刺激の弱い淡い色で、少しでも回復力を高めよう、という意図があるようです。

このように、やさしい色は人の心と体も、やさしく癒やしてくれます。

心が弱っているとき、人は赤などの鮮やかで強い色を、受け入れることができません。刺激が強すぎるため、無意識に避け、薄くやさしい色合いを求めるのです。

アートセラピーでは、木やハートの絵に色を塗ってもらうと、弱っている人は塗り方が薄く、憎しみの心などを強くもっている人は濃く塗る傾向があります。

私自身、父を亡くしたあと、濃い色の服を着ることができなくなり、しばらく薄い色の服ばかりを着ていました。パステルカラーの服ばかりを着ているお客様の気持ちが、よく理解できた記憶があります。

でも、このように薄く淡い色ばかりに囲まれて日々を過ごしていたらどうなるでしょうか。色があるとはいえ、**ほとんど刺激にならない色に囲まれるのは、「ぬるま湯」の環境にいるのと同じ**です。

色を見ることを放棄するのは、考えることをやめることでもあります。慣れすぎると、認知症の発症や進行を早め、若い人でも、生きる気力や活力が失われていきます。

赤、青、黄色など、鮮やかな原色は、目にすると疲れます。見た瞬間、ハッとなるほどの刺激です。弱っている人の脳には、たしかに試練かもしれません。でも、ほどよい試練は生きる張り合いにもなり、ある程度は必要なものです。

このことにいち早く気づいた介護施設では、脳を活性化するため、看護スタッフのエプロンや、入居者が食事をするときのエプロンに、明るい色を積極的に使うようになったそうです。

私のクライアント先でもある介護施設にも、明るく温かみのある色や、やさしさを感じさせる色を取り入れることを提案し、実際に取り入れたところ、そこで暮らす人たちの表情が以前と大きく異なり、明るくやわらかくなったと報告を受けています。

　パステルカラーのやさしさの力を借りながら、原色などの強い色も、ほどよく必要。特に高齢者のいるお宅では、赤やオレンジ、鮮やかなピンクなど、元気な色をインテリアや食卓に、意識して取り入れることをおすすめします。

Color Recipes

女っぷりを上げるなら赤とキラキラ

女子力を上げる色と言えば、ピンクを思い浮かべる人も多いと思います。たしかにピンクの若返り効果や、女性らしい気持ちにさせてくれる作用は絶大ですが、どちらかと言うと母性寄りの「やさしい女性らしさ」「包容力のある女性らしさ」と言えます。

もっと積極的に**「いい女」としての美意識を育みたいとき、力になってくれるのが「赤」**です。赤は、1色だけでも一瞬で人を惹きつける魔法の色。手っ取り早く、赤い口紅や赤いネイルなどもいいですが、ビジネスの場に合わなかったり、なかには赤いネイルを嫌う男性も多いかもしれません。

そこでファッションの前におすすめなのが、インテリアに取り入れること。スリッパ、クッション、ケトル、鍋、家電など、ポイントとしての少量の赤でも、部屋のなかでとても目を引き、私たちの脳にいい色の刺激を伝えてくれます。

特におすすめなのは、赤い花。

バラ、ダリア、スイートピー、ガーベラなど、一輪でも存在感があり、凛《りん》としたたたずまいを感じます。まさに、強い意志をもち、自立している〝いい女〟の象徴で、自然と美意識が上がること間違いなし。鏡台の横に置いたりすると、メイクや肌のケアにも気合いが入り、美意識が上がりやすくなります。

これが「オレンジ」になると、ちょっと庶民的で親しみやすく、食欲もアップする傾向になってしまうので、気をつけてくださいね。

ただ、赤は刺激が強く、理性よりも感情に働きかける色。真っ赤なカーテンに赤いソファ、赤いラグの組み合わせなど、**使いすぎると理性的な判断ができなくなります。**家族やルームメイトがいる場合、喧嘩が起きやすくなります。

赤色初心者の方は、最初から面積を大きくとるのではなく、小物や花などで、2カ所くらいにアクセントとして取り入れるところから始めてみてください。

また赤と同様、シルバーやゴールド、クリスタルなど、キラキラしたものも女度を上げます。シャンデリアや、クリスタルの取っ手がついたチェスト、フレームにラメやラインストーンを使ったミラーなど。

女性のツヤ感を象徴するものですから、**少量でもキラキラしたものを見るだけで、「キレイになりたい」心が呼び起こされます。**

こうして暮らしのなかで自分の美意識が上がれば、外に出たとき、自然と周囲の人も気づきます。

「最近、なんか変わったね」と言われれば大成功。赤とキラキラの力をたっぷり吸収し、「いい女」度がアップしている証拠です。

Color Recipes

ピンクは若返りの特効薬

ピンクと言うと、「かわいい」「女らしい」などのイメージがあるのではないでしょうか。産婦人科の内装や化粧品のパッケージなど、女性向けの場所、商品には、ピンクが使われることが多いことからも、女性とピンクは切っても切れない関係、と言えます。

まさにピンクは子宮の色。

光とともに**視覚を通してピンクの色が脳に届くと、下垂体や松果体、自律神経を司る視床下部を刺激して、内分泌系が活性化されます**。ホルモン分泌を整え、生理不順や更年期障害も軽減するため、女性の特効薬、と言われる色です。

ピンクこそ若返りの色です。ピンクの服を着ただけで、新陳代謝がよくなり、顔色が明るく、血色もよく、健康的で若々しくなります。実際にシミやシワが減るとも言われるほど。

高齢者が、内心一番好きな色はピンク、という説もあるほど、心身を若返らせ、幸福感に満たされる色なのです。

反対に、黒、グレー、こげ茶などの服や下着ばかり着ていると、体に有効な太陽光線が吸収され、体内に伝えてくれないことで、老化が早まるとも言われています。


ひとことでピンクと言っても、鮭の身のようなオレンジがかったピンク、桃のようなやわらかいピンク、はっとするような鮮やかなピンクなど、さまざまです。

その人の肌に似合うピンクは、絶大な美容効果、若返り効果をもっていますが、似合わないピンクはただの「若作り」に見えてしまうので、選ぶときは慎重に。

ふだん寒色系の服が多く、ピンクは苦手……という人は、下着でピンクに挑戦を。肌に直接つけるものなので、自分の肌色に似合うピンクのトーンがわかりやすいと思います。慣れてきたら、少量のピンクを紺や黒、グレーとコーディネートしながら、ファッションにもぜひ取り入れてみてください。

また、靴をピンクにすると、足元から若返っていく実感をもてますよ。

Color Recipes

リクルートスーツは、黒より紺がいい

「紺」を好んで着る女性は多いと思います。

紺と言えば、学生時代の制服の色。校則のような硬いイメージがありますが、最近では、おしゃれな色のひとつとして注目を浴びています。

社会人になってからも、紺や青などの寒色系を好んで着る女性が多いのは、制服で着なれていることも、理由のひとつだと思います。

私立の幼稚園や小学校のママたちが、式典やイベントがある日、誰もが紺のスーツやワンピースを着ているのを見かけます。

紺はまぎれもなく、女性を品よく、知的に見せてくれます。「黒」ほど強くなく、「青」のもつ誠実さも感じられ、落ち着いた雰囲気に見えるのがいいところです。

さらに、子どもが着ると「いい子」に見えます。

母親が子どもに紺を着せたがるケースも多いですよね。育ちがよく、お母さんの言うことをよく聞く子に見えることを、無意識に求めているのかな、と思います。

そんな紺の呪縛はとても強く、母親に紺を着せられていた子どもは、自分が「いい子」でいることを押しつけられた、と受け取る場合があります。

成長し、大人になってそれが反発となり、「紺みたいな地味な色は嫌い」と、派手な赤やピンクばかり選んで着るようになったり、反対に、ずっといい子でいたいから紺しか選べない、ということにも。


紺は、何色とでも合わせやすい万能色。グレーや白といった無彩色から、赤やピンク、黄色、緑、オレンジといった鮮やかな色まで対応してくれます。なので、本来なら紺をベースにいろんな色を取り入れ、カラフルなクローゼットになってくるのが理想です。ですが、なかなかこうもいかないようです。

どうしても白、グレー、黒といった無彩色コーデが基本となり、クローゼットも地味になりがちです。

最近リクルートスーツが紺ではなく、黒ばかりになったのは、社会人になってからも汎用性が高いことと、紺よりも色合わせで失敗しにくいことが理由だそう。不景気という時代が、リクルートファッションを重たくて固いイメージにしてしまったのだと思います。

バブル期は、学生の売り手市場。華やかな時代で、ファッションももちろん華やかでした。パステルカラーのスーツと紺のスーツが主流でしたが、1997年ごろから、就職も厳しくなり、浮かれた派手な服装が避けられるようになりました。個性をアピールするより、第一印象でマイナスなイメージを与えないことに力を入れるようになってきています。

私としては、**人の個性までも封じ込めてしまいがちな黒を就活で着るより、誰が見ても上品な紺のスーツのほうがその人の内面が出やすい**ので、採用側にもいいのにな、と思うのですが。

Color Recipes

紫はいい女？不思議ちゃん？

色彩心理学では、紫には体の回復機能を高める作用があると言われています。病気や疲労がたまっているときなど、本能的に、ラベンダーなどの紫寄りの色に惹かれることがあります。

理由としては、紫が赤と青の中間色であること。「興奮の赤」「冷静の青」の真んなかで、**何も考えたくない、何も決めたくない、という弱った状態のときに頼りたくなる色**なのです。

赤にも青にもなれない、白か黒かも決められない……。そんな心境のときに、紫は安心して身につけられる「お助け色」と言えます。

でも、緑と同じく中間色には、不安な気持ちのとき、心のおもむくままに選び続けていると、依存症になってしまう傾向があります。

ひとつの色に偏ることは、心のバランスをくずすこと。

そのことを知っていて、今だけ、と思って選ぶなら問題ありませんが、最近、なんだか紫ばかり選んでいるな……と感じる人は気をつけて。優柔不断でいないか、情緒不安定になっていないか、自分の心をふり返ってみてください。

色だけではありません。なぜか最近、ラベンダーの香りがするものに手をさしのべてしまう……という人がいたら、これも紫が教えてくれるSOS。薄い紫色をしたラベンダーの香りを無意識に心地よいと感じ、自分から近づいてしまうのです。視覚以外の機能からも、色を連想しているというわけです。


紫はとても不思議な色です。

日本では高貴な色とされていますし、芸術性や創造性を表す色でもあります。**女性を魅惑的に、ミステリアスに見せる効果**もあります。

情熱的で積極的な赤っぽさもありつつ、クールで冷めた青っぽさもあり、それがたまらなく魅力的に見えることがあります。

でもそれが一歩間違えば、「不思議ちゃん」「何を考えているのかよくわからない」

という印象になるのも事実。

だから私は、好きな人とのデートには、あまり紫の服を着ないことをおすすめしています。

紫を着るのは、ここ一番で自分を「いい女」に見せたいとき。パーティなどの華やかな場で、似合う紫を素敵に着こなしている女性は、本当に魅力的です。

Color Recipes

「なりたい自分」を色で見ると、理想に近づく

子どものころ、好きな色を自分のテーマカラーにしていた記憶はありませんか？

友達同士、姉妹同士などで「○○ちゃんは赤、私は青」など、決めることで、キャラクター分けや、役割分担のようなものを感じていたのでしょう。

姉妹同士では、「私の色を取られた」と大人になってから、長年の恨みを告白された、などの話も聞きます。

大人になると、ビジネスのためにテーマカラーを決める人がいます。人と話をする仕事の人なら、コミュニケーションを表す「オレンジ」、経営者なら、ひらめきを表す「黄色」など。

子どものころのテーマカラーの決め方と違うのは、「好きな色」で選ばないこと。「似合う色」や「ラッキーカラー」とも違います。また、「つい手にとってしまう色」

では、その色に逃避することになってしまいます。

何を基準に決めるかというと、**「なりたい自分」を表す色**です。今の自分から、いつか変わっていたい。そんな思いを色にたとえるわけです。そのために、色の意味を知っておくのはとても役に立ちます。

私の場合、20年間「スノーホワイト」を自分のテーマカラーにしています。常にたくさんの色を見て、色を仕事にしているからこそ、「リセットする」「一度自分に戻る」「どんな色も受け入れられる」ことが必要だと思ったからです。

テーマカラーは、決して、常にその色の服を着なければいけない、ということではなく、全部その色にしてしまうことでもありません。

もち物でもいいし、極端に言えば、考え方だけでもいいのです。

ほんの小さなもの、ボールペンや名刺入れ、手帳など、小さいけれど、毎日目にするものをこれらの色にすると、見るたびに色の意味が思い浮かび、「なりたい自分」を見失うことなく、日々を過ごすことができます。

1色で足りない人は、第二候補、第三候補があってもOK。

いずれにしても、**その色の意味を考える習慣をつけることで、自然と「その色の人」＝「なりたい自分」に近づいていきます。**

Color Recipes

テーマカラーがあなたの軸になる

テーマカラーを決めるタイミングは、転職や独立など、人生の転機を迎えるとき。しかも、前向きに自分の将来を考えることができるときです。

一度決めたらコロコロ変えず、でも、一生そのまま、ということでもありません。また次の転機が訪れたとき、改めて次の「なりたい自分」を思い描いて、新たな色を決めてもいいでしょう。

人に相談して決める人もいるかもしれませんが、**テーマカラーは自分で決めるからこそ意味があるもの**。男性に置き換えると、「いい人だから」と世話好きな人にすすめられて付き合ったけれど、全く合わなかったとき、つい、すすめた人を責めたくなるのと同じです。

大切な決断は、誰かに預けるのではなく、自分で行うようにしましょう。

もし、あなたが今、現状に満足していて「現状維持」を望むなら、特にテーマカラーは決めなくてもいいと思います。「こうなりたい」という強い気持ちがなければ、どの色を選んでいいかわかりませんし、決めたとしてもあまり作用しないからです。

また、**テーマカラーは今後の「自分の軸」になるもの**です。決めたほうがいい状況の人は、軸を必要としている人、と言えます。

たとえば、以下のことを感じたことはありませんか？

●友人と自分を比較してしまう。
●ＳＮＳでの評価が気になる。プレッシャーを感じる。
●はっきりさせない（曖昧にする）ことを、「やさしさ」と勘違いしている。
●自分の本当の居場所は別のところにある、と常に感じている。
●仲間がいれば幸せ、仲間なしでは不安を感じてしまう。
●特に欲しくもないものをつい買ってしまう。
●見栄を張って小さな嘘をついてしまうことがよくある。
●カフェやレストランでメニューが決められない。一度決めてもまた悩む。
●最近、何を着ても「似合わない」と感じてしまう。

●変わりたいと思っているのに勇気が出ない。

いかがでしょうか。

心当たりのある人は、テーマカラーを決めることで、「軸」ができ、迷いや不安感が軽減されていきます。

今の自分、置かれている状況、将来の自分を客観的に見つめ、考え抜いて決めたテーマカラーは、これから常にあなたを勇気づけ、後押ししてくれることでしょう。

Color Recipes

「その服、いいね！」は、ほめ言葉ではない

「その服、いいね！」は、女性同士でよく交わされる言葉です。一見ほめ言葉のようですが。

実は、このとき、相手は、あなたが着ている服を見ているだけで、あなたを見ているわけではありません。特に単色の服の場合、似合っていないとき、その色ばかりが、前面に浮き出てしまいます。服をほめられたときは、「似合っていない」と言われていると思ったほうがいいでしょう。

もし、珍しく赤い服を着ていった日に、

「その赤、いいね」

と言われたら、赤が浮いている可能性が大。でも、

「今日の服、いいね。その赤、すごく似合ってる」

と言われたら◎です。

そしてもし、本当にその服があなたに似合っていて素敵に見えるとき、人はあまり具体的なほめ言葉を口にしてくれないでしょう。でも大丈夫。「うわー、キレイ」と心のなかで思ってくれています。そして、**「なんか、いいね、今日」と言ってくれたら、これ以上のほめ言葉はありません**。

こうして服の色が本人になじんでいると、道を歩いているとき、いい意味で人がふり返ります。また、初対面の人からは「また会いたい」と思ってもらえます。

同じ赤でも、色の幅はとても広いもの。

あなたを、「なんか、いい」と見せてくれる赤がきっとあります。

それを見つけるためには、常に頭のなかにさまざまな赤色を思い浮かべ、お店で見つけたら試着をすること。ただし、店員さんに「お似合いですよ」と言われても、そのまま受け取ってはいけません。

似合う色み、似合わない色みの判断は、自分ですること。**自分を客観的に見ることができてはじめて、運命の色に出会える**のです。

Color Recipes

皇室の女性は、なぜマカロンカラーを着るのか？

フランス、ラデュレのマカロンは、いつ見てもうっとりしますよね。色とりどりのキレイな色がずらっと並んだようすに心を奪われる人は、きっと多いことでしょう。私もその一人です。

あんなにたくさんの色が並んでも、少しもがちゃがちゃした印象にならないのは、色のトーンが揃っているから。パステルカラー、ペールトーンなどの言い方がありますが、敬意を表し、あえて「マカロンカラー」と呼びたいと思います。

ニュースを観ていて思うのは、皇室の女性たちの多くが、公式行事や国外を訪問する際、淡く、やさしい色合いの黄色やピンク、グリーン、水色のスーツやワンピースを着ていること。まさにマカロンカラーの最上級の着こなしです。

上品でエレガント、見ている人が癒やされるようなやさしい色合いは、皇室という

特別な立場にいる女性だからこそ、素敵に着こなせるのだと思います。

マカロンカラーは、パーソナルカラーでは「サマー」と呼ばれる色グループに分類されます。やわらかくスモーキーな色みが特徴で、ベビーピンクやミントグリーンなど、女性にとても人気の高い色群。女性向けの商品にも数多く取り入れられています。パーソナルカラーがサマーの人の特徴は、肌色に黄みが少なく、ローズ系のチークや口紅が似合うこと。青やラベンダーなどの寒色系の色がお似合いです。

そんな人がマカロンカラーを身につけると、肌の色にしっくりとなじみ、上品で穏やかな、上質なエレガントを表現できます。

そんな女性らしい色ですが、微妙なトーンだけに、似合わない人が着ると逆効果になるので要注意です。肌がくすんで見え、ほうれい線などのシワもくっきりと見せて、ぐっと老けさせてしまいます。

上品な色でも、似合わなければマイナスに作用することを忘れずに。お店で試着をする際に、十分に見極めましょう。

ちなみに皇室の女性で言えば、秋篠宮妃紀子様のパーソナルカラーが「サマー」です。マカロンカラーがよくお似合いなのも納得です。

第5章

もつれた人間関係は色で解決

Color Recipes

Color Recipes

色でコミュニケーション能力がアップする

十人十色と言いますが、人は一人ひとり色が違います。

色はその人のキャラクター。いろいろな色（人）を受け入れ、コミュニケーションできる人は、とてもバランスのいい人だと思います。**私が色を大切に思うのは、色に慣れることで、コミュニケーション能力も高められると思うから**です。

何かひとつの色に偏ることとは、心のバランスをくずすことにつながります。日々いろいろな色を見て、感じて、次の日はまた違う色を見る。そんな色とのつきあいが、心を豊かに、毎日を少し充実したものにします。

色が毎日変化せず、かぎられた色に凝り固まってしまうと、コミュニケーション力も落ちてきます。一人を好んだり、たくさんの人と話をしても、我が強くなったり。

キャラクターが「赤」で、「青」を受け入れられなければ、一方的に主張するばかりの人になってしまいます。「ピンク」の人が、ほかの色を受け入れられない場合、わがままになります。でも、さまざまな色を日常で取り入れさえすれば、何の問題もなくなります。そのために、色をぜひ衣食住で回してみましょう。

今日、黒い服を着たら、明日は赤を着てバランスをとる。1週間たつと、何曜日にどの服を着たか忘れてしまうので、なるべくメモをしたり、写真に撮って記録しておきます。

1週間の記録を見直すと、自分が着ていない色、足りていない色がわかります。買い物の際も足りない色を中心に探すことができるので、時短にもなります。

これは食事の記録とも似ています。何を食べたか記録することで、何かに偏っていること、どんな栄養が足りていないか、客観的に見つけることができます。

色も同じ要領で、まんべんなく、バランスよく取り入れられているか確認し、足りない色は、食べ物、飲み物などで補いましょう。

もしあなたがピンクの服が苦手でも、家で使うマグカップなど、少しのピンクを受け入れることさえできれば、職場にいるピンクのキャラクターの人と、スムーズに会話ができるようになります。

Color Recipes

会社の人間関係にきく色の力

上司と合わない、意見を聞いてもらえない、同僚にいやがらせをされる、無視される……。そんなときは、色の力を借りて対処しましょう。

細かいことに口うるさい上司が近くのデスクにいて、嫌味な口調に、ついイライラ。そんなときは青の小物でクールダウンを。ターコイズのブレスレットや青のスマートフォンケース、ペンなどがあなたに冷静さを取り戻してくれます。

もし、先輩や同僚にいやがらせをされる場合、おとなしく見えることが原因のひとつかもしれません。ふだん、ベージュなどの控えめな色を着ている人なら、黒縁の伊達メガネや黒のバングルなどをプラスしてみてください。これは、上司にからかわれるのがイヤだったり、物申すときにも効果的です。

少量でも黒がもつ威圧感は絶大。コンサルのお客様にすすめたところ、この対処法で、実際に先輩がやさしくなったそうです。

最近、**上司がイライラしているな、と思ったら緑や白い服**で対応しましょう。

中間色の緑、リセットを表す白は、どちらも相手に余計なことを「考えさせない」色。なんとなく、「ま、いいか」という気持ちにさせます。

用事を言いつけられたくないときは、グレー。グレーの服を着ている日は、目立たず、周囲に埋没していられます。上司の目をかいくぐることができるでしょう。

いっぽうでグレーは、白と黒の中間色なので、言い争っている仲間や、急に仲が悪くなった友人の間に入って、なだめる力もあります。

グレーには、ケンカを止める、言い争いをやめさせる効果があるので、最近ちょっと空気がよくないな、というときは、険悪な二人の間に入って仲を取りもってあげるのも、悪くありませんよ。

あがり症にきく黄色、オレンジ

ここ数年、日本で急激に盛り上がっているイベントがハロウィン。仮装をした人たちが渋谷などの街中にあふれ、知らない人同士がフレンドリーに話したり、友達になったりと、とても賑やかで陽気なイベントです。

ハロウィンは本来、欧米の宗教的な行事です。秋の収穫を祝い、悪霊を追い払うために、かぼちゃの中身をくり抜いてランタンにしたり、子どもたちが魔女やお化けに仮装したり。

そもそも人見知りで、おとなしい日本人が、ハロウィンをこんなに賑やかなイベントとして楽しめるようになったことが、少し不思議でもあります。

もしかしたら、この時期、街なかにあふれ返る「オレンジのかぼちゃ」効果、と言えないでしょうか。

オレンジは、人の心を開き、陽気な気持ちにさせます。暖かい炎のまわりに人が自然と集まるように、オレンジには団らんを促し、会話をはずませる力があります。ハロウィンで一瞬、街も人も陽気なテンションに包まれるのはそのため、と思えるのです。

もし、家庭内の空気が暗い、喧嘩をして気まずいときなど、リビングにみかんやオレンジの小物を置いてみましょう。自然と家族が集まってくることうけあいです。人に会いたくないときや、軽い対人恐怖に陥っているときも、オレンジの助けを借りてみては。心を開き、人と話す勇気が出てきます。

また、**内気を克服するには、「黄色」**も効果的です。

黄色は目立つ色であること以外に、実際よりも大きく見せる効果があります。明るく元気な印象をたっぷり含んでいながら、ふわっとやわらかく大きく見せることができるので、重たくなることがなく、自然と人からの視線を集めます。人と話すのが苦手な人にも力をくれるでしょう。

登校拒否のハニカミ屋の子どもに黄色のシャツを着せたところ、内気を克服したという話も。黄色は、友達がたくさんできる色でもあるのです。

このようにおとなしい性格の人が、もっと人と関わりたい、もっとコミュニケーションをとりたい、と思ったときに、オレンジは自然と人を陽気にしてくれ、黄色はアピール力を発揮してくれます。

でも、もともとのキャラクターが目立ちたがり屋の人は、黄色の服を着るときは要注意。アピールが強すぎて、少しうるさいな、と思われてしまいます。そうならないように、黄色をどこに、どのくらいの分量で取り入れるか、全体のバランスをよく考えてから身につけるようにしましょう。

Color Recipes

ゴレンジャーこそ調和の天才！

私がよくセミナーなどでお話しするのは、**ゴレンジャーで考えると人の和ができる、**ということです。

存在感があり、常にリーダーシップをとりながら活躍する「赤」、冷静沈着な「青」、中立の「緑」、ムードメーカーの「黄色」、母性的なやさしさをもつ「ピンク」。

このように、**人のキャラクターは色で表現するとわかりやすくなります。**「自分は何色かな？」と考えることで、仲間のなかでの役割も見えてきます。そして、お互いが、それぞれの足りない部分を引き立て、ひとつのグループとしてまとまることができます。

色を使ったキャラクター作りで、最近の成功例だと思うのが、アイドルグループの「ももいろクローバーZ」です。他にもジャニーズの人気グループ「嵐」も5人のキャラクターが際立っています。公式ではないそうですが、相葉雅紀《あいばまさき》さんが「緑」、松本潤《まつもとじゅん》さんが「紫」、二宮和也《にのみやかずなり》さんが「黄色」、大野智《おおのさとし》さんが「青」、櫻井翔《さくらいしょう》さんが「赤」というふうに分かれているそうです。

全員揃ったときに、「みんな違うけれど、まとまっている感じ」も、色分けの効果であり、嵐というグループが好感度の高い理由ではないでしょうか。

なぜ、私たちはバラバラの色が調和しているようすを見るのを好むのでしょうか。それは、もともと自然の緑や紅葉の赤など、色のグラデーションを見て落ち着いたり、キレイと思うのと似ていると思います。音楽のキレイな音色と同じです。不調和音だと耳障りですよね？　でも、グラデーションなら同じ系統の色の流れなので、わかりやすくなります。

赤、青、緑、黄、ピンクといったそれぞれが強い色でも、トーンを揃えたり並べ方を変えれば調和します。それを見た人は、一瞬で心を奪われ、その色彩にハッとします。

色も人も、違う個性が揃ってはじめて美しいハーモニーを奏でられるのです。

Color Recipes

ゴレンジャーで考える上手な人付き合い

オフィスでのゴレンジャーの関係は、どうでしょうか。

上司が「赤」の人なら、自分は「青」になって暴走を止める。赤と赤の同僚にはさまれていたら、自分が緑となって、もめごとを抑える。

そんなふうに、自分の役割を考えてみてはどうでしょうか。

「私は絶対、主役の赤がいい！」と思っても、もしかして緑でいたほうが、オフィスのなかでのあなたの存在価値や評価が高くなるかもしれません。

バンドなどでもそうですよね。みんながみんな、ボーカルがやりたい、ではバランスがとれません。逆もあります。全員がベースやギターを選択し、ボーカルを拒否したら……。

このように、5人集まったとき、必ずしも5人がうまい具合にキレイに色が分かれるとは限りません。そのため、あなたが客観的に見る必要があります。

自分を含め、そこにいるメンバーがどういう気質かを今一度考え、Aさんは赤、Bさんは青、Cさんは赤……と色分けしてみてください。すると、赤が多い、青が多い、などの状況が見えてきます。

赤は、積極的に意見する、リーダーシップタイプ。

青は、意見するが、冷静に物事を見られる人。

黄色は、話の流れを変えたり、盛り上げたりするムードメーカー。

緑は、バランサー（調整役）であり、人の顔色をうかがう八方美人。

ピンクは、少しみんなと距離を置いて、最後に意見する末っ子タイプ。


もし、自分自身が緑タイプであっても、ピンクに回ったほうがよい場合は、ピンクに徹します。ほかにも、赤の人が黄色に回ったり、ピンクの人が青に回ったり、上手に役を変えます。時と場合によって、ポジションカラーを変えていける。この**柔軟性を身につけていくことで、いろんな人と上手に付き合っていくことができます**。もちろん、あなたの評価も自然と上がっていくはずです。

Color Recipe

相手の好きな色に合わせるコミュニケーション法

このほかに、相手の色（キャラクター）とうまくやっていく、失敗しない方法をいくつかお伝えします。

いつも紺の服を着ている人が仕事相手の場合、特に遅刻は厳禁です。

日本は制服で過ごす時間が多く、制服の色は紺色がほとんどです。私たちの頭のなかには「紺＝制服＝きちんと感」という方程式があり、紺を着ていれば悪い印象を与えないと思っている人も多いのです。

そのため、大人になっても紺が大好きな人は、自分にはもちろん、他人にも厳しいことがあります。「ちゃんとしていること」を重視する人なので、あいさつや時間など、基本的なことを見逃すことができません。それができないだけで、全部ダメな印象を与えてしまうので要注意。

赤が好きな人、赤のように積極的なキャラクターの人を相手にしたときは、極力、聞き役になること。

赤は主役の色です。本人にもその意識があり、「話を進め、リーダーシップをとるのは自分」という自負があります。それが少々無謀なものでも、まずは話を聞いてあげることが肝心で、議論はその後。冷静に、客観的な目線で話をしましょう。

ピンクが好きな人、しかも小物から服までやたらとピンクを身につけている人は、どこか現実離れした「自分の世界」をもっています。そのため、最初は理解しがたいことも多いかもしれません。**基本は、甘えん坊**だったり、構ってほしいタイプなので、上手にキャッチボールする感じで会話を進めていきましょう。聞いてあげるときもあれば、意見を述べることもします。大事なのは、「あなたにとても関心がある」ことを態度で示してあげることです。

ほかにも、同じ色を頻繁に身につけている方がいたら、その色が発している意味が、その人の今の心の状態、求めているものかもしれません。

自分に余裕がないと、相手のことまで気づいてあげられませんが、だからこそ自分の色も日々観察して、偏りがないか気づく習慣をつけていきましょう。

Color Recipes

色を受け入れた女性から彼氏ができる

仕事をしている女性の多くは、ふだんの服の色が、どうしても黒、白、グレーなどの無彩色や、ベージュ、アイボリー、紺などのベーシックカラー中心になります。「無難だから」「合わせやすいから」「あまり考えなくていいから」というのが、選ぶ理由ではないでしょうか。

私のコンサルでは、カラー診断でそれぞれのお客様に似合う色を探り、取り入れ方などをご提案させていただきます。

でも、「色を受け入れる」ことは実は非常に困難なことです。「そんな派手な色は着られない」「着たことがないからわからない」「似合うはずがない」など、とまどうお客様がほとんど。

ほかにも、「探したけれど売っていない」「わかっているけど、時間がなくて」など、変わりたいと門をたたいたはずが、何らかの理由をつけては、新しい色から目をそむけてしまう。最後まで受け入れられずに、コンサル途中で終わってしまうことさえあります。

そのため私は、カラー診断前の、色を受け入れる準備段階のコンサルをとても重視しています。

「色を変える」ときは、自分の思考回路が変わるとき。新しい色を素直に受け入れられたとき、その人の運命が大きく変わります。

年ごろの女友達が集まって、もしもみんなが揃ってベーシックカラーの服を着ていたら。よく見る光景ですが、私はそのなかで、色を取り入れた人から彼氏ができる、と思っています。

実際に、友達と買い物に行き、たまたま勧められた赤いスカートを買ったお客様が、すぐに彼氏ができました。それまでずっと仲良しの女友達5人とクリスマスを過ごしていたのに。

たとえ、たまたまでも、勧められて「あ、そういう色もいいかな」と思えたことは、すでに彼女が変わり始めていたということ。そして、抵抗なく赤いスカートをはけたことで、新しい縁を呼び寄せたのです。女友達同士は居心地がよく、安全地帯ではあるけれど、少し前進するきっかけを与えてくれたのが「色」だったのです。

自分が変わったのと同時に、**相手の男性も「こんな色を着こなせる女性は素敵だな」と感じたはず**です。色を通し、一瞬で彼女の内面に興味をもってくれたのはうれしいことだな、と思います。

Color Recipes

ママ友に会うときは、マウンティング回避の緑

相手との親密度にもよりますが、ここでは、よく耳にするケース「ママ友グループのなかでいじめられない色」について。

それはやはり、調和とバランスの色、平和の象徴でもある「緑」です。

親密度がそれほど高くない女性同士、複数で会う場合は、目立ちすぎてもダメ、地味すぎてもダメ。なぜなら、そのなかの誰かがマウンティング（格付け）をし始める可能性があるからです。その点、**中立の緑なら、植物のようにその場に自然となじみ、目をつけられることがありません。**

パーティなど華やかな場となると、ピンクや赤を着てくる人もいるでしょう。その色だけで、かなり存在感を放ってしまいます。でも、緑なら控えめでいられます。

緑はアクセサリーが合わせやすい色でもあるので、プラスαでさりげなく華やかさ

を加えましょう。深めの緑はシルバーと、モスグリーンならゴールドとの相性が抜群です。

緑はママ友のケースにかぎらず、仕事で複数の初対面の人に会うときや、お付き合いのパーティなどでも使えます。

自己主張する色でもなく、地味と思われる色でもない。適度な華やかさも加えられる緑を着ていくと、同性からも異性からも不思議とモテます。いろいろな人と中立な立場で会話ができ、いい人と知り合えるのも、緑の特徴と言えるでしょう。

大地の色、茶色も、なじみやすく安定感のある色ですが、「地味」「つまらなさそう」と意地悪な見方をされる場合があります。

ほかに、**避けたほうがいい色は、「黄色」と「紫」**。黄色は最も目立つ色なので、目をつけられる危険性大。赤でも青でもない紫も、「よくわからない」「不思議ちゃん」なキャラクターに見られてしまうことがあります。

とはいえ、これはあくまで、それほど親密ではない相手とのケース。気心の知れた友人同士なら、何色を着ていても問題ないでしょう。

贈り物は、中身より色選びがカギ

プレゼント選びは楽しいのと同時に、なかなか難しいものです。食べ物、身につけるもの、消耗品、記念に残るものなど、贈る相手、贈る時期を考えて、少しでも喜ばれるものを選びたいですよね。

さまざまな場面で贈る機会が多いのが、花です。花屋さんにお任せだとしても、せめて色のイメージは伝えることが必要です。

相手の好きな色、イメージに合う色のほか、仲のいい友人へ日常のなかで贈るなら、**相手に今、必要と思われる色**を見つけて贈るのもおすすめです。何かに迷い、悩んでいるようなら、背中を後押しする赤い花。仕事で忙しく、眉間《みけん》にシワを寄せてがんばっている友人には、ちょっと息を抜き、やさしい気持ちになれるピンクの花。

さらに**贈る時間やその日の天気に合わせて選べたら完璧**です。雨が降り、暗い天気なら、パステルカラーはやめて、元気になれる鮮やかなオレンジの花はどうでしょう。

花の贈り物にはNGもあります。退院祝いに血を連想させる赤、お葬式を連想させる白い花は避けましょう。特に相手が目上の場合は気をつけてください。

何を贈るにしても、相手の好きな色を事前にリサーチしておくことが大切です。加えて、プレゼントには自分なりにサプライズ性やストーリーも加えたいもの。

たとえば、ふだんはクールビューティな女性。外見は冷静沈着な青っぽさを感じる人ですが、ときどき女性らしいピンクが見え隠れするような人がいたとします。そんな相手にピンクの花や小物を贈ると、自分では表に出していない部分に気づいてもらえたことを、とてもうれしく感じてくれるはずです。

難しいのが、ネクタイなど男性へ贈る品。似合うと思って選んだ色も、あまり気に入ってもらえず、身につけてもらえないケースがよくあります。

一緒に買いに行ければベストですが、できない場合は、ネクタイなどの目立つアイテムは贈らないのが無難です。スポーツ用の靴下など、消耗品にしましょう。これなら多少色の好みがズレていたとしても、きっと使ってもらえます。親しい方なら、ボールペンや万年筆など、仕事にも使える文房具がおすすめです。

Color Recipes

「いい人」で終わる、婚活に不向きな黄色

目立ちたがりで、ちょっと子どもっぽい。そんな印象を与える「黄色」ですが、一番明るく、光を感じさせる色なので、黄色のキャラクターの人と一緒にいると、とても元気になります。**黄色は、友情を育み、友達ができる色**でもあります。

それだけに、恋愛にはつながりにくい色。

「あなたとはお友達で」と言いたい男性と会うときは、黄色の服を着ていくと、友達感覚の楽しい時間を過ごせます。

ほかにも、恋愛感情抜きで楽しく、という場面に黄色はとてもお似合いです。友情を育むパーティや女子会などでドレスコードを黄色にすると、盛り上がることうけあい。

反対に、合コンなどの婚活には、黄色は不向きです。

男女が複数集まるなかで黄色を着ていると、**「親しみやすい人」とは思われますが、盛り上げ役で終わってしまうことがほとんど。**黄色はムードメーカーなので、いてくれないと困る人ですが、本命にされにくく、「いい人」で終わってしまうのです。

だから、パートナーが同窓会に行くときなど、モテてしまうのが心配なら黄色のシャツやネクタイをおすすめします。過去の恋愛、初恋の相手などと進展する心配もなく、楽しい盛り上げ役になり、人気者になって帰ってきますよ。

黄色の服や小物は目立ちすぎてちょっと抵抗がある、という人は、落ち着いたマスタードや、ややオレンジ寄りの色でもいいでしょう。

「オレンジ」は、赤と黄色を混ぜた色。黄色ほど目立つことなく、赤ほど積極的ではないけれど、両方の良さをもっていて、会話に深みが増し、よりコミュニケーション力が高まる色です。

オレンジは、高級ブランドであるエルメスの色としても認識されていますが、実際は、高級感よりも親しみのある色なのです。人をイヤな気持ちにさせない、心地よくさせる色なので、初対面の人に会うとき、また、複数の人が集まるさまざまな場面におすすめです。

Color Recipes

女性が仕事でピンクを着ると印象が悪い？

仕事で、女性がピンクを着ていて「いいなあ」と思うこともあります。ある程度年齢がいっていて、キャリアがあり、部署をまとめていたり、前に出る立場の女性が、ときどき着るピンクです。

キャリアのある女性が職場でピンクを着ると、包容力を感じ、仕事ができるうえに、母親的なやさしさも合わせもつ印象が生まれます。ガツガツと厳しい雰囲気を出すよりも、ピンクが「いい上司」「やさしい先輩」という印象にし、周囲がちょっとホッとでき、部下も仕事がしやすくなります。

みんなの気分が下がりがちな月曜日に少量だけ、など身につける量と回数をわきまえたピンクの着こなしをしている女性は、本当におしゃれだなと思います。

とはいえ、ピンクは基本的に、仕事モードの色ではありません。**若手の女性がピンクを着ると、年上の女性に疎《うと》まれる**可能性もあります。せっかく仕事をがんばっているのに、ピンクを着ていることで、チャラチャラした印象になってしまい、「若作り」「悪目立ち」なキャラクターに見せてしまうことがあります。ビジネスシーンではくれぐれも気をつけてくださいね。

では、どうしてもピンクを着たい人は、どうしたらいいのでしょうか。ピンクは肌に近い色なので、顔まわりに肌に近い薄いピンクをもってきて顔色になじませると、悪目立ちせず、明るく朗らかな印象を与えることができます。

たとえば、シルクのブラウスやスカーフなど、ピンクのイメージに合ったやわらかい素材のものを身につけると、さらに自然な雰囲気を作れます。

顔まわりはちょっと抵抗が……という方は、足元にピンクを使ってみてください。ヒールの色にぜひ。全身が黒やグレーのコーディネートでも、足元だけをピンクにすれば、女性らしさもさりげなくプラスされます。ネイルの色をやさしいピンクにするのもおすすめです。

Color Recipes

男性と仕事をするときは、青い服が信頼を得る

社会人になると、女性は学生のときよりも「青」を着る機会が増えるのではないでしょうか。

仕事で男性に会うとき、女性は青を着たほうがうまくいきます。

男性は、感情よりも理性で物事を考えます。仕事の場ではなおのこと。つまり、服の色はどうあれ、頭のなかは「青」の世界で生きています。

そこへ、女性がたとえばピンクのイメージで飛び込むと、やはり違和感を感じさせてしまいます。

「ああ、女性だ」と、同じ目線で見てもらえないのは無理のないこと。

男性の場合もそうですが、特に女性は、**仕事で交渉や依頼をするとき、青を着ることで「信頼できる」「知的」「誠実」と受け取ってもらえます。**相手に冷静で真剣な

態度を示したければ、青は最適な色です。

営業については、赤が役に立つときもあります。何を売り込みたいのかによって色を使い分けることも大切です。

社内では、時と場所、業種や部署にもよりますが、女性が下に見られるようなときも、青はおすすめです。もちろん、女性らしさを求められているような社風であれば、青にこだわる必要はありません。


青系の色で、「紺」もビジネスシーンで欠かせない色。でも、ときに地味で堅い印象になりがちです。少し女性らしさを入れたいシーンでは、やや鮮やかな印象のあるロイヤルブルーが、知的で誠実なイメージに、上品さと華やかさを添えてくれます。

セーターやカットソー、スカートなど、どれかに取り入れてみるといいでしょう。

私は、よくヒール、バッグ、手帳などの小物をロイヤルブルーにしています。

Color Recipes

男性がピンクを着ると、女性との仕事が上手になる

薄いピンク色のワイシャツや、ピンクのラインが入ったネクタイ、胸元にピンクのハンカチーフを入れている人など、最近、ピンクを上手に取り入れている男性をよく見かけます。仕事の業界にもよりますが、ビジネスシーンでピンクを身につけている率は、もしかして女性より高いかも？　と思うことがあるほど。

似合うピンクを身につけていると、本当におしゃれに見えます。男性にはぜひ、今後もどんどんピンクを取り入れてほしいと思います。

たとえ怖い上司でも、ピンクのワイシャツを着ていると、部下の女性は話しかけやすくなります。包み込むようなやさしさを感じる色なので、身につけているだけで、相手はリラックスして話しやすくなるのです。

だから、**ピンクを上手に使っている男性は、女性と話すのがとても上手。**話す前か

ら「親しみやすさ」をかもし出しているのですから、当然です。

多くの男性にとって、ピンクは自分とは縁のない色、異質な色ではないでしょうか。私も男性のお客様にピンクをおすすめすると、「ピンクって……変じゃない？」と聞かれることがよくあります。

小さなころから「男＝青」のような図式で育ってきたのですから、無理もありません。だからこそ、ピンクを取り入れている男性には、固定観念をクリアして受け入れている、懐の大きさを感じてしまうのです。

ただ、使い方を間違えると「チャラチャラしている」「キザ」「ナルシスト」などと思われるのもピンクの宿命です。**男性の場合は、濃いピンクを避け、薄めのピンク**をさりげなく取り入れるのがいいでしょう。

特に注意したいのがゴルフウェア。鮮やかなピンクのポロシャツやセーターは、買う前によく考えて。自分の顔立ちより色の印象が目立っているようなら、それは似合っていない可能性があります。最初は、ベルトと靴下など、小さなアクセントカラーとして取り入れるところから始めてみましょう。

あなたのパートナーが、女性が多い職場で大変そうに見えたら、白や青系のシャツばかり着ていないか思い返してください。

そんな彼に、あえてピンクのワイシャツを選んであげてみては。きっと笑顔が戻ります。私のお客様からも、女性の部下が前より話しかけてくるようになった、「やさしい」と言われる回数が増えたという報告を受けます。

最初は、パステルピンクがおすすめですが、慣れてきたら濃いめのピンクもありです。サーモンピンクのようなオレンジの入った暖かいピンクをネクタイに使ったり、プライベートならコーデュロイパンツやチノパンなどに取り入れてもいいですね。

Color Recipes

NOが伝わる色

自分の意にそぐわないことを頼まれたとき、きちんと断れる人はとてもうらやましく思います。多くの人は、断りきれず、いやいや引き受けたり、断ったつもりなのに相手にその意思が伝わらず、うやむやのうちにやらざるを得なくなったり……を繰り返すような気がします。

「今日こそ、はっきり言う、絶対言う！」というときには、「強い色」が、言いたいことを言えないあなたの味方になってくれます。

強い決断の意思を後押ししてくれるのは、やはり「赤」。

「いけー！」という気持ちに拍車をかけてくれます。ただ、渋い赤の服を着ていくと、相手に安心感を与えてしまう場合もあるので要注意です。着ていくなら、少し派手めの原色に近い赤を、どこかに身につけていくといいでしょう。

男性なら、ネクタイやポケットチーフ、女性なら、ネイルや口紅の色は目につきやすいのでおすすめです。

もちろん服の色に取り入れることに抵抗がない人は、ワンピースやセーターなどに使ってもいいでしょう。また、バッグに赤を取り入れ、ときどき見て刺激を受けるのもいいですね。


冷静に、何を言われてもたんたんと意思を伝えたい、と思ったら「青」。

青は、何か行動に移す前、いったん自身をクールダウンさせ、落ち着かせてくれる効果があります。自分自身の精神統一に役立つのはもちろん、相手に冷静さをつきつけるのは、断る場面ではかなり効果的ではないでしょうか。

ちょっとおちゃらけて**相手の警戒心をときながら、さらっと断る場合には「黄色」**。

黄色は、解放的にしてくれる色。見ているだけで、緊張がほぐれ、じわじわとあなたのトークに引き込まれていきます。

ただし、話術は不可欠。つまらない話し方をしていては、たとえ黄色を身につけていても効果はありません。色はあくまで補助的な存在であることをお忘れなく。

色は、自分がどうしたいか、相手がどんなタイプでどういう関係なのか、ということも基準に選びましょう。

Color Recipes

断るときの最終手段は「黒」

相手にNOを伝える最終手段と言えば、やはり「黒」です。

黒は色のなかで、もっとも暗く重い色です。「不幸そう」「重そう」「手強そう」な印象とともに、**相手を寄せつけない、強い拒絶の意思**を感じさせます。

「白黒はっきりさせる」と言うように、断るときに使う黒は、物事をはっきりさせる意味を含むので、断る側のゆるぎない想いを伝えるのにぴったりなのです。

断るときの一番効果的な黒の使い方は、それまで数日間はパステルカラーなどの明るい色を着て会うこと。

断る日に突然黒い服を着ていくと、当然相手は驚きます。そして、断りの言葉が本気なのだとわかります。

絶対ではありませんが、やはり全身を黒にしたほうが、メリハリが出て効果はありません。しかし、毎日黒を着ている人では、あまり効果はありません。あくまでもカラフルな色から突然黒になるのが効果的なのです。

たとえば、SNSでずっとやわらかい印象の写真を投稿していた人が、急に写真なしのネガティブな文章だけになったり、白黒の写真になってマイナスなメッセージが書かれていたら、びっくりしますよね。これによく似ています。

カップルが別れ話をするのにも、「黒」は効果的です。いつもパステルカラーを着ていた彼女が、ある日突然黒い服を着てきたら、彼氏はきっと驚いて彼女の本気度を感じ取ります。すると、別れ話も受け入れられやすいかもしれません。

黒は「プロっぽさ」を感じさせる色なので、それまでパステルカラーでかわいい印象だった人が、がらりとキャラクターを変えるのに最適。「ちょっと怖い」と相手が威圧感を感じてくれれば、もう無理難題を押しつけられることはないでしょう。

ですが、ふだんから黒を使いすぎると、色の組み合わせを考えなくなるので、老化が進みます。「黒」と決めつけてしまえば、思考回路は当然にぶりますよね。

いろんな色があるとたしかに、どの色をどう組み合わせるか、どれが相性がいいかなど、考えるのに苦労します。ですが、たとえ間違っていても試し続けることで、脳は活性化するのです。

Color Recipes

外見と中身は一致しているほうがいい

「ギャップ」がいい、という言葉が、人のキャラクターを表すときによく使われます。でも、ギャップを売りにするのは少々考えもの。人間関係を築くうえで、外見と中身は、なるべく一致しているほうがいいのです。

たとえば、爽やかなグリーンのパッケージのお菓子があります。「クールミント味かな?」と思いながらひと口食べ、甘いストロベリー味だったら、どう思うでしょうか。ちょっとびっくりして、そのストロベリー味自体、あまりおいしく感じないと思います。「このギャップがいいよね」という感覚には、なりにくいのです。

カレー味なら黄色のパッケージ、抹茶味なら渋い緑のパッケージ。こうして、最初に目に入る外見と、実際に食べたときの中身とが一致していると、私たちはホッとします。そして冷静に、内容を吟味することができます。

たとえば、仕事で青い服をよく着ている人なら、中身にも青が意味する誠実さ、冷静さを人は求めます。中身があってはじめてパッケージの色は、それを表現する手段になり得ます。青いシャツを着て誠実な印象に見せているのにもかかわらず、実際は自己アピールばかりが強い人だと、そのギャップは相手をがっかりさせてしまいます。

もう少し親密な間柄になれば、「外見は真面目そうだけど、実は面白い人」といったギャップも生きてくるかもしれませんが、ビジネスで、それほど近い間柄でなければ、外見は中身を示す手段になります。**ビジネスでは、特に色の影響力が大きくなるので気をつけなければなりません。**

ただ、一人がもつ「色」は1色とはかぎりません。冷静な青の部分もあれば、情熱的な赤い部分もあったり、その合間に、ちょっと目立ちたがりの黄色い部分があったり。それらの複数の色を自分できちんとわかっている人は、自分を表現するのがとても上手だな、と思います。

仕事のときは、スーツなどの戦闘服。プライベートではちょっと気の抜けたパーカーにデニム。そんなギャップはとても素敵。でも、パーカー&デニムが本当の自分で、戦闘服が「仮の姿」ではダメなのです。戦闘服もパーカーも、どちらにも自分らしさをもつこと。

また、仕事のときは全身黒でプロっぽさをアピールしている人が、休日のゴルフで全身ピンクのウェアを着ていたら。ギャップというよりは、周囲の人がぎょっとするような、ちぐはぐさがあります。

ただし、ご自身で「私は、オンは黒、オフはピンク」とブランディングし、それを周囲にアピールしているのであれば、話は別です。

「なぜそうするのか?」という理由が自分のなかで明確で、いつどこで誰に聞かれても説明できることが大切です。意味も理由も特になく、なんとなくこの色を選んでしまい、その色ばかり身につけているのなら、自分の心に何か理由があると考えてください。

仕事でもプライベートでも、装いに自分らしさがあると自然と心のバランスがとれ、人間関係も恋愛関係も、スムーズに築いていけますよ。

第6章

商品からわかる色の戦略

Color Recipes

商品カラーに赤と青が多い理由

世のなかの色を大きく分けると、だいたい「赤か青」「白か黒」でできています。

赤と青の例で言うと「JAL（赤）」と「ANA（青）」、「三菱東京UFJ銀行（赤）」と「みずほ銀行（青）」、「コカ・コーラ（赤）」と「ペプシ（青）」が挙げられます。

最初に赤が先陣を切り、それに対抗しようとすると、勝てるのは青しかない。これが緑では、勝てなかったのです。

私自身、著書を出す際に、装丁にも強くこだわりがあるのですが、どこの出版社の方と打ち合わせをしても、「緑の表紙はダメ」と言われてきました。どうやら出版業界では、「緑の表紙は売れない」という通説があるようなのです。

思えばこれも、赤でも青でも、白でも黒でもない、緑という色のわかりづらさゆえなのかもしれません。緑と言えば自然の色。書店に並んだとき、赤や青に比べて目立ちにくく、キャッチされづらい、ターゲットが男性なのか、女性なのかもわかりづらい、ということでしょう。

そもそも、なぜ赤と青が「売れる色」と言われるのかというと、赤と青が人間の心身に及ぼす作用に関係があるからです。

赤は行動を促す色であり、交感神経に大きく影響を及ぼします。いっぽう、**青は物事を冷静に判断し客観視する色**で、副交感神経を刺激し、リラックスさせる色と言われています。

私たちがバランスよく生きていくために、必要なふたつの効果効用を兼ねそなえている色が、赤と青。どちらかひとつでも欠けてはいけない、私たちが健康に暮らしていくために必要な色なのです。

Color Recipes

「安心」「エコ」「成長」、緑のイメージ戦略

これだけ赤と青の対抗戦が繰り広げられてきたなか、緑が台頭する時代がやってきました。

印象的だったのは、「スターバックス」の緑の看板です。

それまでファストフードと言えば、赤、黄色など、キャッチーでインパクトのある色がお決まりで、価格の手頃さも感じさせるものでした。

スターバックスのこげ茶に緑の組み合わせは、豆へのこだわり、店内のくつろぎ感まで感じさせ、これまでのファストフードとは一線を画したイメージ戦略に成功しています。

同じく、緑の成功例と言えば、「キシリトールガム」。フィンランドの森林を思わせ

る爽やかな緑のパッケージ。天然の甘味料で虫歯を防ぐ、という中身とイメージがぴたりとマッチして、またたく間に広まりました。

売れる商品は必ず中身とパッケージにギャップがなく、多くの人の頭にわかりやすく入ってくるもの。癒やしやくつろぎを求める時代だからこそ、これまで「わかりづらい」とされてきた緑が、私たちの目に新鮮に映るのかもしれません。

三井住友銀行の色も、スーパーの紀ノ国屋の色も緑ですよね。ここ最近、さらに緑が増加しているのは、癒やしやくつろぎというよりは、「エコ」や「環境」を意識しているからです。

緑は野菜の色でもありますし、信号でも青の色。体に良いもの、前に進め、など、プラスの意味もしっかりあります。

銀行の緑については、**安心感やバランスのとれた状態、活力のある成長の色**でもあるため、悪くない選択だと思います。赤は目立ちますが、赤字の赤でもあるため、緑はお金を扱う場としては良い印象を与えます。

Color Recipes

北と南の地域で変わる売れる色彩

北と南では、売れる服の色が違うと言われています。特にネクタイの色が顕著で、大きく分けると北海道や東北では寒色系、中国地方から四国、九州、沖縄では暖色系がよく売れます。

日照時間や気候など、北の国と南の国の「光の違い」で、色の見え方や選び方が違うのは興味深いところです。これには少なからず理由があります。

「色彩嗜好は、太陽光線と空気の透明度によって影響される」と、『色の秘密』の著者、野村順一氏が書いています。生まれた地域の気候、風土、緯度などによる地域特性によって、好む色が違ってくる、という意味です。

日照時間の少ない北欧の人は、目の網膜の緑色視覚が発達していると言われます。その影響か、寒色系嗜好で、薄紫、スカイブルー、エメラルドグリーンを好み、鮮やかな色よりパステルトーンを、また赤よりもピンクといったやわらかい色を好むそう。たしかに北欧雑貨や家具の色合いは、白木と、やさしいパステルトーンのイメージがあります。それが北欧の人の肌や金髪、薄い目の色に、よくなじんで見えます。

50年代に生まれたフィンランドのマリメッコは、暗く長い冬を、少しでも明るい気持ちで、とあえてテキスタイルに鮮やかな色を取り入れました。自然をモチーフにした鮮やかで美しい色合いを見たときの、北欧の人たちが感じた新鮮さは、どれほどのものだったでしょう。今も世界中の人から愛されていますよね。

いっぽう、太陽が照りつける南国には、極彩色のオウムや花、フルーツなど、鮮やかな色が映えます。アロハシャツの色柄でも、グレーやベージュなどのおとなしい色はまず見かけません。赤、オレンジ、黄色など、鮮やかな暖色の服が、南国の太陽によく合います。温暖化が進み以前よりはだいぶ減ってきてはいますが、ハワイで普通に着ていた色鮮やかな服や水着が、東京では浮いて見えて着られない、という体験談は今もなお耳に入ります。実際、私自身も感じたことがあります。

こう考えると、人がとらえる光、目になじむ色は、その土地の日照時間や日差しの強さに、大きく左右されていると言えます。

ちなみに東京の日照になじむ色合いは、くすんだ青、チャコールグレー、ベージュ、パステルトーンなど。とはいえ、明るく、鮮やかな色も積極的に楽しみたいものです。

実際に、寒い国だから暖かい色を好んだり、暑い国だから涼しげな寒色系を選んだり、というケースも最近は多いようです。

Color Recipes

「おいしそうな色」は、記憶と直結している

一般的に、食欲をそそる、「おいしそうな色」は「赤」「オレンジ」「黄色」です。料理は舌で味わうのと同時に、視覚で味わうもの。暖色系の色が自律神経に作用して、消化を助けるという説もあります。

光も同じ。青っぽく白い光より、電球色の黄色っぽい光のほうが料理がおいしく見え、会話も食もすすみます。

いっぽう「おいしそう」と感じる色は人それぞれ、という私自身の実感もあります。学生のとき、色に興味をもち始めていたこともあり、外国人の友人に「どの色がおいしそうに見える?」とリサーチをしたことがあります。

すると、「原色の青」や「鮮やかな緑」と答える人が多く、驚きました。

理由をたずねると、「スニッカーズ」の色だから、「m&m's」の色だから、と商品

名を答えました。たしかに、スニッカーズのロゴも、m&m'sの色も、日本の食べ物やパッケージではあまりお目にかからない寒色やカラフル色。しかも、ふつうなら食欲を減退させる真っ青を「おいしそう」と答える人がいたのには驚きました。

また、「赤」と答えたある女性は、小さいころフランスに住んでいて、そのころ食べた真っ赤なパッケージの「ボンヌママン」のヨーグルトが大好きだったのだとか。


このように、「おいしそう」と感じる色は、小さいころに食べたもの、当時の味覚の記憶が色濃く残っているのでしょう。そして、パッケージやロゴの色も、味覚と直結しているのだと思います。

青汁やグリーンスムージーのような濃厚な緑を見て、「体に良さそうな色」と表現することもあります。野菜の苦み、青くささを連想させる緑は、たしかに「おいしそう」より「体に良さそう」。おいしさよりも、健康が優先される色かもしれません。

紫色をしたハワイのアサイーも同様。実際に、「体にいい」という情報を知っているからこそ、色が私たちを暗示にかけてくれるのです。

Color Recipes

10月になると人の心が解放される

日本のイベントに対する考えは、年々過熱していますよね。昔ではあり得ないことです。でも、これらが私たち消費者を、かき立てるためのカラー戦略だったとしたら？

10月31日はハロウィン。ご存じのとおり、アメリカで始まったお祭りです。昨年のハロウィンでは、大人たちが仮装して街をワイワイと歩いている姿が話題になっていましたね。渋谷のスクランブル交差点や六本木では、「ここはディズニーランド⁉」と思うくらいに見事な仮装ぶりでした。

街は、9月の半ばくらいから、じわじわとオレンジ色に染まり始めます。8月の真夏どきには、海や空を連想させる青や水色などの飾り付けが多かったのが、9月に入ると、じわじわと暖色の色みに模様替えされるので、一段と目を引きます。

しかも、10月のハロウィンを意識したオレンジ色が基調です。この模様替えも年々早まってきていて、昨年は9月に入ってすぐにかぼちゃを置いているお店も多く目にしました。いやいや、まだ夏の名残を楽しみたいのに、もうハロウィン？　と感じたりします。

デパートもスーパーもコンビニも、とにかくこのイベントに便乗してオレンジ色を意識します。お菓子ひとつとってもパンプキン味をメインに出したり、オレンジ色のパッケージに黒色のリボンをする店も多いです。

オレンジ色は私たちにあまり害を与えません。

ハロウィンだからと気持ちが温まり、仲間と飲みに行ったりする機会が増えることもあるでしょう。**オレンジは人間関係を温和にしたり、コミュニケーションを円滑にする**役割があるのです。

ふだんから口下手で、あまりまわりの人と話せないという人も、オレンジ色がいっぱいあるなかで過ごしていると、以前よりも人と話がしたくなる、人が集まっているところに行きたくなる、といった現象が起きます。

いつもなら黙って買い物をして出てくるスーパーですが、オレンジ色を目にしていると、なんだか店員さんとつい会話が弾んでしまった、なんてことも。

さらに、オレンジ色は秋を堪能させてくれる色でもあります。体を温める鍋を食べたくなったり、秋が旬の根菜などを食べたくなったり。ということで、秋になると、スーパーでは鍋コーナーが特設されるようになってきます。

そこには大抵オレンジ色があしらわれています。「家族団らん」「仲間とワイワイ」といった隠れメッセージが込められ、私たちの心を刺激していることは間違いありません。

オレンジ色は、見ているだけでどこか私たちをほっこりとさせる色なのです。

Color Recipes

男女の気持ちを高めるクリスマスカラー

11月半ばになると、穏やかなオレンジ色から一転、街中に、刺激的な赤が乱入してきます。クリスマスのシンボルでもあるポインセチアの花があちこちに飾られたり、クリスマスのオーナメントで、とても賑やかな様子に。

ちょっとしたラッピングも、気づいたときには赤を使っていることが多くなります。今ではすっかり有名になっていますが、スターバックスコーヒーの「クリスマス ブレンド」というコーヒーも、クリスマス限定の赤いパッケージで登場します。スタバ好きの私は、このクリスマス ブレンドが出始めると、あ、今年ももうすぐ終わりかぁ……と反射的に感じてしまいます。

うまくできていますよね。穏やかなオレンジ色から、せかされる赤に。

でもこの赤。師走の慌ただしい気持ちをかき立てるだけではありません。**クリスマ**

スを目前にした男女の気持ちを高める効果もあるんです。好きな人に告白しようか、お付き合いしている相手にプロポーズをしようか、という気分にさせる、いわゆる「恋」や「愛」を連想させる色なのです。

いつもはちょっと恥ずかしい……という人も、赤の力で勇気がもてるのもたしか。最近では女性から男性に告白するケースもよくあります。伝えたい気持ちが高まっているのなら、赤のネイルや赤の下着を身につけて、思いきって告白してみては？

ちなみに、自分から言うのではなく相手に言わせたい、という人にも、赤は効果的。いつもは黒や紺などのベーシックな色が多い人は、12月は赤いセーターや赤いマフラーをして、彼の脳に恋の魔法をかけてしまいましょう。

こんなふうに私たちはイベントを楽しみながらも、実は色の戦略にすっかりはまっている、というわけです。

Color Recipes

グラデーション陳列の魔力

「男の子は黒、女の子は赤」。これが定番だったランドセル。今ではメーカーによって、何十色もあるというから驚きです。羨ましい反面、こんなに色があると迷ってしまわないのかな？　とも思ったりします。色は5色でも迷うのに、36色もあったらどうでしょう。少なくとも3色くらいは、候補色があがってしまいそうです。

選ぶのは1色でも、いろんな色がずらっと並んでいると、それだけでウキウキしますよね！　ほかにも、**色の展開が広く、つい心がウキウキしてしまうアイテム**を思い浮かべてみてください。

大人のバッグや靴、傘などもそうですよね。でも、もっと手軽に手に入り、女性の心をウキウキさせるアイテムがあります。それはペンです。

今でこそいろんなメーカーが出してきていますが、私が好きなのがパイロットのハイテックCシリーズ。ペン先の細さで有名になりました。このペンが世に出たときには感激しました。小さく書くのが好きだった私には最高のアイテムで、当初は黒と赤しかありませんでしたが、それはそれはお世話になったものです。そして、今もなお愛用しています。

そんなカラーペンですが、文房具店の陳列はいつも素晴らしくカラフルです。しかも、キレイにグラデーションで並べられています。間違ってもバラバラに置かれたり、コントラストをつけて並べられたり、ということはありません。

色は、段階をつけて並べることで、私たちに夢と希望、そしてどこか安心感を与えてくれます。黒と黄色、赤と青、緑とオレンジなど、印象の違う色が2色並んでいると、目には入りやすくても、あえて手にしたり、落ち着いて選んだりするところまでは、なかなかたどり着きません。緊張感が色から伝わってしまうからです。

いっぽう、グラデーションで置かれていると、たとえ**多色展開されていたとしてもまとまって見え、どこかホッとできます**。ホッとできたら、あとは自分の好きな色をゆっくり選ぶことができます。

このように、陳列の仕方ひとつで、子どもはもちろん、大人のハートまでしっかりわし掴み。私たちの心の動きが大きく変わってしまうというわけです。

あるメーカーでは、自分で好きな色を選んで作るオリジナルのペンが人気です。カスタマイズされたオリジナルペンを見たら、今の自分、あのときの自分の心理状況がうっすら見えてくるかもしれません。おもちの方は、いますぐチェックしてみては？

おわりに

食、ファッション、インテリアで、どんな色をどれくらいの配分で取り入れたら、心と体が変わるのか。日々の暮らしに色の雑学を織り込みながら、8冊目の著書を書き終えることができました。

雑学的なお話は、気軽に読んでいただけるものだと思います。色のある暮らしを楽しむための入り口として、たくさんの方に興味をもっていただけたらうれしいです。

私がお伝えしたいことの究極は、「色は五感で感じるもの」ということです。

味、香り、音、触り心地、それらを感じたときに、「この○○、赤っぽいな」「この△△、ピンクっぽいな」と頭のなかで色が直結したり、逆に青色を目にしたとき「冷たそう」「爽やかそう」とイメージしてみたり。こんなふうに五感から色を思い浮かべたり、色から五感へと結びつけたりしながら、色という存在を身近に感じることで、人の感性はどんどん柔軟になっていきます。

色は、普段からさりげなく意識し、ふとしたときに思い切って使う。すると、気分が落ち込んだとき、体調がすぐれないとき、何か悩みがあるときでも、気持ちの切り替えがずっと簡単にできるようになります。

今の自分に必要な色がわかり、色の力を借りて心と体をフラットに保てるようになれば、とことん落ちてしまう前に、気分を変えて、立ち上がることができます。

そうして少しずつ前に進んでいけたら、と私自身、思っています。

輝くきっかけは、本当にいろいろ。輝き方も、輝くサイズも、スピードも、場所も、とにかくいろいろ。どんな輝き方であろうと、人は色を意識することで、想像もしていないくらい眩しいキラキラした自分に、一歩、また一歩と近づける、そう思います。

普段の何気ない生活から、意識を変えていく。

犬の散歩に行くときも、友達と買い物に行くときも、パートナーとディナーに行くときも、外出時は特に意識したいもの。仕上げのアクセントとしてその日の装いやあなたの心によく合った色を選び、その日一番の自分で出かけられるようになれたら、素敵ですよね。

ほっくりとした風味豊かなサツマイモ色。鮮やかで品格漂う凛としたロイヤルブルー。香ばしい甘醤油味を連想させるおかき色。優雅で上品な大人の色、バイオレット。幸福感を山ほど運んできてくれるピンク。思わず目を閉じてしまいそうな酸っぱさを感じるレモンイエロー、などなど。

これから、何色を、どんなふうに感じて選ぶかは、あなた次第。

この本で、そんな色のもつ力を感じ、少しでも多くの女性に試していただけたら幸いです。

カラーキュレーター® 七江 亜紀

七江亜紀（ななえ・あき）

色のひと®、カラーキュレーター®。それぞれの色が持つ普遍の魅力を組み合わせ、独自の価値基準で、これからの新しい生活価値を提案する、ライフスタイル・クリエーター。企業やビジネスパーソンを対象とし、ファッション、食、インテリアなど、ライフスタイル全般のカラーコンサルティングを行う。「色」を視覚だけに頼らず五感全てを通してイメージできるようさまざまなものの価値向上を図る。また、多くのメディアにて監修、大学や講習会でも講師業を行う。クチコミで広まったサロン「Lustre（ラスタ）」には全国から多くの女性たちが訪れている。

2009年の処女作『働く女性のための色とスタイル教室』（講談社）はロングセラーとなり、衣食住にまつわる色の本『知って役立つ色の事典・TJMOOK』（宝島社）は発売後すぐに完売となる。他にも著書多数。

だいわ文庫

色《いろ》が教《おし》えてくれること
人生《じんせい》の悩《なや》みの9割《わり》は「色《いろ》」で解決《かいけつ》できる

著者　七江《ななえ》亜《あ》紀《き》

二〇一五年二月一五日第一刷発行
二〇一八年七月一五日第一〇刷発行

発行者　佐藤　靖
発行所　大和《だいわ》書房
東京都文京区関口一-三三-四　〒一一二-〇〇一四
電話　〇三-三二〇三-四五一一

フォーマットデザイン　鈴木成一デザイン室
本文デザイン　星子卓也
編集協力　前中葉子
本文印刷　信毎書籍印刷
カバー印刷　山一印刷
製本　ナショナル製本

ISBN978-4-479-30522-4
乱丁本・落丁本はお取り替えいたします。
http://www.daiwashobo.co.jp